# 大学生活的规划与自我管理

李德义　邹淑燕　编著

中国纺织出版社

## 内 容 提 要

本书从促进大学生的全面发展、增强自我管理能力和全面提高人才培养质量的角度，遵循大学生成长成才规律和教育规律，从大学认识篇、生涯规划篇、自我管理篇三个层面系统地介绍了生涯规划、自我管理的有关理论和方法，有助于大学生更快更好地适应大学生活，设计、规划、管理好人生中这一美好的黄金时期，不断塑造健康身心，养成优秀习惯，挖掘自身潜能，拓展职业素养，提高综合素质和职业核心竞争力，从容自信地面对就业、创业和未来的职场发展。

本书可作为高校大学生入学教育、职业生涯规划和就业指导课程的教材，也可供广大师生、学生家长、专兼职的学生管理人员、就业指导人员参考阅读。

**图书在版编目（CIP）数据**

大学生活的规划与自我管理/李德义，邹淑燕编著. --北京：中国纺织出版社，2018. 10（2025.5重印）
ISBN 978-7-5180-5467-1

Ⅰ. ①大… Ⅱ. ①李… ②邹… Ⅲ. ①大学生—学生生活 Ⅳ. ①G645. 5

中国版本图书馆 CIP 数据核字（2018）第 229985 号

策划编辑：孔会云　特约编辑：胡　蓉
责任校对：寇晨晨　责任印制：何　建

中国纺织出版社出版发行
地址：北京市朝阳区百子湾东里 A407 号楼　邮政编码：100124
销售电话：010—67004422　传真：010—87155801
http://www. c-textilep. com
E-mail:faxing@ c-textilep. com
中国纺织出版社天猫旗舰店
官方微博 http://weibo. com/2119887771
河北晔盛亚印刷有限公司印刷　各地新华书店经销
2018年10月第1版　2025年5月第2次印刷
开本：710×1000　1/16　印张：9
字数：152 千字　定价：88. 00 元

# 前　　言

大学是一个人一生中最为美好的黄金时期，也是一个人世界观、人生观和价值观形成与发展的重要阶段和关键时期。机遇总是偏爱那些有准备的头脑。如何更快更好地适应大学生活，设计、规划、管理好人生中这最美好的黄金时期，赢在大学的起跑线上，是每一位大学生都必须认真面对、思考和回答的一个重要课题。

本书是作者基于二十余年的教育教学工作实践，坚持以学生为本，强调思想性、时代性、知识性和方法性，从促进大学生的全面发展、增强未来职业生涯发展能力、提高人才培养质量的角度撰写而成。适合作为大学生入学教育、就业指导课程的辅导教材，既可用于教学，也便于自学。

我们期待同学们通过阅读学习本书，能够尽快认识大学，全面了解大学，在适应全新的学习和生活环境基础上，尽快完成自身角色转变，不忘初心，心有格局，尽早做好学业规划和职业生涯规划，明确学习目标和奋斗方向，全面做好目标管理、时间管理、情绪管理三个重要方面的自我管理，塑造健康心理，养成优秀习惯，拓展职业素养，发挥自身潜能，为成长成才和全面发展奠定坚实的基础。

本书由济南工程职业技术学院李德义和山东中医药大学邹淑燕共同编著。李德义负责本书的策划、设计和拟定整体框架结构，并负责全书的统稿、修改和定稿。

本书得到了中国纺织出版社孔会云的大力支持，在此表示衷心感谢。撰写过程中搜索了百度、搜狐等网站上的许多资料，引用了其中的数据、资料，一些资料由于是多年积累，现已无法查找出处。在此，对无法标注的相关作者表示深深的谢意和歉意，也希望相关作者及时与我们联系。在撰写过程中，还参阅了国内近期出版的有关教材、论文，援引了其中某些资料，在此一并表示诚挚谢意。

尽管在撰写时我们竭尽全力，对体系和内容进行了反复推敲，但由于能力、水平及时间所限，书中难免存在不妥之处和疏漏之处，敬请有关专家、广大读者不吝赐教，批评指正。

编著者

2018 年 5 月 8 日

# 目　录

## 自我管理篇

# 绪　论

经过十年寒窗苦读，还有那令人终生难忘的高考，同学们终于圆梦进入大学。唐朝诗人孟郊的七言古诗《登科后》曾这样描述："昔日龌龊不足夸，今朝放荡思无涯。春风得意马蹄疾，一日看尽长安花。"大意是说，以往在生活上的困顿与思想上的局促不安再不值得一提了，今朝金榜题名，郁结的闷气已如风吹云散，心中真有说不尽的畅快，真想拥抱一下这大自然。策马奔驰于春花烂漫的长安道上，今日的马蹄格外轻盈，不知不觉中早已把长安的繁荣花朵看完了。我想，这首诗大概可以表达大一新生此刻的心情。

从中学跨入大学，应该说是人生中一个重要的转折点，也是心理上一个重要的转折期。进入大学前，同学们的目标都十分明确，那就是考上心目中理想的大学，自己所有的学习、生活都服从这个目标。于是，同学们努力学习、废寝忘食、披星戴月、艰苦奋战，过五关、斩六将，最终通过高考进入大学。

在进入大学前，同学们往往把大学校园想象成梦幻中的天堂、理想的"象牙塔"，美妙无比。进校后，发现并非如此，和以前的设想、感受大不相同，大学不是想象中自由的天堂。

面对全新的教育模式、全新的学习环境和全新的人际关系，一切都要靠自己，从头开始。现在要做什么、应该做什么、下一步的发展目标是什么……面对这些问题，同学们心里有些模糊不清，行为变得缺乏热情，茫然不知所措。

现实中严格的纪律、紧张的学习以及"三点一线"的单调生活，和想象中的大学生活大相径庭。一部分同学能够很快适应，有些同学却适应很慢，还有相当一部分同学由于环境和角色的转变而显得六神无主，甚至心神不定，烦躁不安，感叹生活空虚无助，产生莫名的失落感，甚至出现退学、心理问题等现象。

失落、空虚、发展目标不明确、学习适应不良、恋爱心理困惑、人际交往障碍等往往是同学们刚进入大学后常遇见的问题。而且，大部分同学对于"为什么上大学"和"如何上大学"没有清晰的自我认知和规划设计。这种状态，既损害了同学们的身心健康,又在很大程度上影响了学业。

有一句名言说的好:“你希望自己成为什么样的人,你就会成为什么样的人。”我们今天的生活是三年以前抉择的,十年以后的生活则是今天抉择的。人生就是自我不断实现的过程,每个人都不可以和自己的未来开玩笑。

精彩人生,始于规划。凡事预则立,不预则废。同学们只有认真思考“大学是什么”“为什么上大学”“怎样上大学”这三个基本问题,坚持对梦想的执着和坚守,做好人生规划与自我管理,才能快速实现角色转变、适应学习转变,调整好状态,尽快全身心投入大学生活,撸起袖子加油学。

“路漫漫其修远兮,吾将上下而求索。”19 世纪美国哲学家、诗人爱默生说:“一心向着自己目标前进的人,整个世界都为他让路!”奇迹总是眷顾为之努力的人,任何一个人想要改变自己的人生和命运,最好的力量就是去奋斗。

这是奋斗者的时代。作为追梦人,请同学们不负芳华,不忘初心,怀揣希望和梦想,且行且思,且思且行,快速实现从高中生向大学生的角色转变,不驰于空想,不骛于虚声,一步一个脚印,学习专业知识,养成健康心理,拓展综合素质,做好学业规划与职业规划,加强自我管理,在奋斗中感受幸福,在奋斗中成就梦想。

“择天下英才而教之,不亦乐乎!”作为一名教育工作者,最关心的莫过于同学们的成长。老师是筑梦人、架桥者、奠基者,连接的不仅是院系与学生,不仅是产业、行业与专业、职业,而是过去、现在和未来。

衷心希望同学们在充满机遇和挑战的大学生活中,用青春、激情和智慧点燃心中的梦想,脚踏实地,在行走中磨砺自己、发现自己,形成自身优美“Style”,勇敢“秀”出大学生涯中最精彩的一页!

让人生梦想从大学起步,在大学成长,在大学扬帆起航!

始终坚持的你,终将美好!

# 大学认识篇

# 第一章　走进大学

寒窗数载，春华秋实，上大学是无数青年的期待与向往……

大学是什么，大学生活对一个人的人生究竟意味着什么，每一位同学在入学之前，甚至是在更早时候，肯定对大学的学习和生活满怀着无限的期待，充满了丰富的想象。在同学们眼里，大学也许是神圣的象牙塔，也许是人生的伊甸园；大学是梦想，是天堂；是精神的家园，是令人向往和憧憬的圣地。

大学时光是每一位学子人生中最美好的时光，也是决定未来人生高度和厚度的重要岁月。“海阔凭鱼跃，天高任鸟飞”，只有深深地走进大学，在接下来的一千多个日子里细细品味，去寻找，去实践，才能有自己心中的理解与答案。

## 第一节　认识大学

### 一、什么是高等教育

高等教育是一个教育层级的概念，是指在完成中等教育的基础上进行的专业教育，是培养各级高级专门人才的社会活动。从高等教育的角度看，人才一般分为两大类：一类主要从事理论研究工作，称之为学术型人才；另一类是应用客观规律为社会谋取直接利益的人才，称之为应用型人才。

应用型人才又可以依据不同的工作范围分为工程型人才、技术型人才和技能型人才。所谓工程型人才，主要从事规划、策划、设计等工作，如工业产品的开发、设计、城市规划、园林设计等；所谓技术型人才，也叫工艺型、执行型、中间型人才，如工厂技术员、工艺工程师、农艺师等；所谓技能型人才，是在生产第一线或工作现场，主要从事直接操作型工作。学术型人才和应用型人才对于社会活动、经济运行和发展都是不可或缺的。因而高等教育既可以是学术性专业教育，也可以是职业性专业教育。

普通高等学校是指按照国家规定的设置标准和审批程序批准设立的，通过全国普通高等学校统一招生考试，招收普通高中毕业生为主要培养对象，实施专科、本科、研究生等高等学历层次的教育机构。其主要包括大学、独立学院、高等专科学校、高等职业学校、独立设置的成人高等学校。目前，我国已形成世界上规模最大的高等教育体系。

21 世纪以来，我国高等教育进入大众化发展阶段，高等教育大众化水平不断提高。2010 年 7 月 29 日，《国家中长期教育改革和发展规划纲要(2010—2020 年)》提出了我国教育事业发展的主要目标，至 2020 年我国高等教育毛入学率将达到 40%，高等教育在学总规模扩大至 3550 万人。可见未来 10 年内，我国的高等教育行业仍有较大的发展空间。

## 二、大学的职能

众所周知，人才培养、科学研究和社会服务“三大职能”是目前世界范围内对高等教育功能与作用的经典表述。这三大职能不是自大学产生之日起就同时具有的，而是随着社会经济、科技和文化发展不断变化而逐步演进的，每一次社会发展的进步都要求大学不断承担起新的社会责任。

2011 年，胡锦涛在清华大学建校 100 周年庆祝大会上发表重要讲话，提出将文化传承创新作为高等教育的一个新职能，确立了学界一直在呼吁作为大学第四职能的文化传承创新。

新时代党中央进一步把国际交流合作作为大学的第五项职能。2017 年 2 月印发的《关于加强和改进新形势下高校思想政治工作的意见》强调，高校肩负着人才培养、科学研究、社会服务、文化传承创新、国际交流合作的重要使命。这是对我国高等教育与教育对外开放发展规律性认识的重大理论创新，对于加快建设世界一流大学和一流学科，提高我国高等教育发展水平，增强国家核心竞争力，都具有十分重要的指导意义。

顾海良教授认为：“不管大学功能如何变化，我认为都应该自始至终围绕人才培养这一核心。人才培养既是大学功能的历史起点，也是大学功能的逻辑起点，而知识传承、科学研究、社会服务、文化引领等，都是围绕人才培养产生的辅助功能。所以大学功能是一个以人才培养为核心的综合体系。”

## 三、大学的类型

《国家中长期教育改革和发展规划纲要(2010—2020年)》提出“建立高校分类体系,实行分类管理”的方针。同时,规划纲要要求:“引导高校合理定位,克服同质化倾向,形成各自的办学理念和风格,在不同层次、不同领域办出特色,争创一流。”

高等学校的分类管理是一项复杂的系统工程,既涉及政府宏观层面,又涉及高校自身的定位与发展;既要借鉴国外大学分类体系,又要符合我国国情,至今没有一个权威的分类标准。大学分类管理原则应该依据大学自身办学水平和办学特色来决定,而不是人为划分。

**1. 国家教育发展研究中心对我国高等学校的分类**

(1)研究型大学。明显特征是学科综合性强,每年授予的博士学位数多,培养的人才层次为本科及本科以上,满足的是对高层次研究型人才和研究型成果的需求。研究生至少占到20% ~25%,每所学校每年授予博士学位数至少50个。

(2)教学研究型大学。这类大学的教学层次以本科生、硕士生为主,个别行业性较强的专业可招收部分博士生,但不培养专科生。

(3)教学型本科院校。这类学校的主体是本科生的教学,特殊情况下有少量的研究生或专科生。

(4)高等专科学校和高等职业学校。这类学校体现了高等教育在学校、专业设置上最为灵活的部分,主要是为了满足当地经济建设及社会发展的需要。

**2. 我国大学的基本分类**

(1)根据国家重点建设情况,可分为:重点大学和一般大学。

(2)根据隶属关系,可分为:教育部部属院校、中央其他部门所属院校和地方院校。

(3)根据学科划分,可分为:综合类、文科类、理工类、财经类、政法类、农业类、林业类、师范类、医学类、体育类、艺术类、军事类等。

(4)按照投资办学体制,可分为:公办高校、民办高校。

(5)按照办学层次,可分为:“985工程”院校、“211工程”院校、中央部属本科院校、省属本科院校、高职高专院校。

(6)按照人才培养类型,可分为:普通高等教育、高等职业教育。

### 3."985工程"和"211工程"高校

"985工程"是国家为建设若干所世界一流和一批国际知名高水平研究型大学实施的建设工程,从1998年开始实施,目前共有39所。

"211工程"的含义是面向21世纪,重点建设100所左右的高等学校和一批重点学科点,从1993年开始实施,目前共有112所。

2015年11月,国务院印发关于《统筹推进世界一流大学和一流学科建设总体方案》的通知,为我国高等教育发展掀开了崭新的一页。"双一流"建设是面向"两个一百年"和"中国梦",立足国家经济社会需要和高等教育现状,提出的提升中国教育发展水平、增强国家核心竞争力的重大工程。

"双一流"建设是在我国高等教育迈入大众化阶段的新时代背景下应运而生的,突出了"中国特色、世界一流"的精神内涵,突出扎根祖国大地,办好社会主义大学的重要使命。

目前42所学校进入一流大学建设高校行列、95所学校进入一流学科建设高校行列,"双一流"建设将为实现中国高等教育由大国向强国的历史性跨越而共同奋斗。

### 4. 高等职业技术教育

高等职业技术教育是我国高等教育的重要组成部分,是现代职业教育体系的重要构成,担负着培养高素质技术技能人才的重要任务,是我国经济社会发展的重要基础。

《国家中长期教育改革和发展规划纲要(2010—2020年)》把职业教育摆到更加突出的位置,强调要尽快形成现代职业教育体系,以满足人民群众接受职业教育的需求,满足经济社会对高素质劳动者和技能型人才的需要。当前,我国职业教育进入了历史上最好的发展机遇期。

高等职业技术教育是高等教育的一种类型,而不是高等教育的最低层次。高等职业技术教育实际上是高等教育多样化人才培养模式中的一个基本模式。产教融合、校企合作是职业教育的基本办学模式,是办好职业教育的关键所在。

高等职业院校的本质特征是"以职业能力为本位",根本任务是培养适应生产、建设、管理、服务第一线需要的高素质技术技能人才。人才培养采取多元而灵活的模式,如"2+1"模式、"1.5+1.5"模式、"2.5+0.5"模式等,体现校企合作、工学交替、产教融合,“做中教,做中学”,教学做一体、理实一体,增强学生实践的能力。

高等职业教育所培养的人才需要具备双素质,拿双证书。双素质是指职业素质和专业技能素质。双证书是指毕业证书和技能登记证书或职业资格证书。

高等职业教育既是学历教育,也是职业教育,属于技术应用型教育,不仅要教给学生专业技能和职业能力,更重要的是要给学生一种全面发展的认识能力,为学生奠定终身教育、自我发展的牢固基础。我国高等职业教育正在走一条以学生为中心、以结果为导向、以专业建设为抓手的内涵式发展之路。

近年来,高等职业教育快速发展,年招生数、在校生规模稳中有升。2010 年全国独立设置高职学校 1246 所,招生人数 310 万,毕业生人数 316 万,在校生人数 966 万。到 2015 年,全国独立设置的高职学校达 1341 所,招生人数 348 万,毕业生人数 322 万,在校生人数 1048 万,占高等教育的 41.2%,全年为社会提供技术培训超过 2000 万人次。

培养大国工匠需要职业教育发力,建设教育强国,离不开职业教育。高等职业教育已成为高等教育的半壁江山,为适龄青年提供了进入高校学习并掌握就业技能的机会,对高等教育从精英阶段进入大众化阶段发挥了重要作用;对促进经济发展、提高企业竞争力、实现我国产业结构优化、推动技术创新,以及“三农问题”的解决,都发挥了不可替代的作用,为国家社会经济建设提供了最直接、最强大的人力资源支撑。

## 四、大学的价值

国学经典《大学》开篇第一句是:大学之道,在明明德,在亲民,在止于至善。意思是说,大学的宗旨在于弘扬光明正大的品德,在于使人弃旧图新,在于使人达到最完善的境界。

曾任耶鲁大学校长 20 年之久的理查德·莱文曾说过:“真正的教育不传授任何知识和技能,却能令人胜任任何学科和职业,这才是真正的教育。”我国著名教育学家蔡元培先生早就指出:“教育者,养成人格之事业也。”

香港中文大学前校长沈祖尧于 2014 年在香港中文大学毕业典礼上曾说过:“我相信一所大学的价值,不能用毕业生的工资来判断,更不能以他们开的汽车、住的房子来作准,而是应以它的学生在毕业后对社会、对人类的影响为依归。我们也要弄清楚大学的本质:它并非纯粹是一座知识宝库,也并非单单是创意和创新的推动者。大学绝非一所职业训练学校,更万万不可沦为培育贪婪、自私、毫无道德和社会责任可言的人才的机构。大学不可能是排名榜的盲目追随者,更不可以被视为推动生产总值的引擎。"

随着经济社会和高等教育的快速发展,大学的职能正在不断地拓展。我们要以更加冷静严谨的态度,全方位地探索分析大学在当代最根本的价值和最核心的竞争力。我们应清醒地看到,对于大学五项职能的地位和作用不能等量齐观。人才培养应当更具核心地位。对于大学而言,没有一批批优质的毕业生,其他职能的发挥只能是苍白的,甚至是无意义的。

一位学者说过,人与人之间比到最后的不是财富、地位、美貌,而是人格。放到更大的比较空间,可以说,人格不仅是一个人在世界上安身立命的核心竞争力,更是一个国家、一个民族屹立世界民族之林的核心竞争力。

大学要将人格培育作为学校工作的重中之重,使更多人格健全的优秀人才在大学校园涌现,培育一代代目光远大、爱国爱民、敬业乐群、求真创新的完全人格公民,这是大学的核心竞争力所在,也是大学最根本的职责和价值所在,更是社会对大学的最大期望所在。

## 五、大学的校训

"校训"名称来源于日本。中国古代有校训的原型,没有校训的明确名称。直到近代,教会大学出现了英文校训(School precepts, motto for school discipline),随后引进中文"校训"名称。

《辞海》是这样解释校训的:"学校为训育上之便利,选若干德目制成匾额,悬之校中公见之地,是校训,其目的在使个人随时注意而实践之。"

袁贵仁同志在"开展大学文化研究,推进大学文化建设,是一项具有基础性、战略性、前瞻性的工作"的讲话中指出:所谓校训,不过是一个大学对其文化传统、文化精神的理性抽象和认同;不同的传统、精神,不同的校训、校风,是大学展示的"文化名片",大学绵延的"文化基因",是它构成了学生思想和行为的不同"文化模式"。

尽管关于校训内涵的表述不尽相同,但却从不同角度阐述了校训的本质。大学校训是一所大学办学理念的核心,是办学目标和办学原则的集中概括,它既凝练了一所大学的办学宗旨与办学特色，又承载了与时俱进的大学精神和价值取向。大学校训也是大学师生的座右铭，对教风和学风起着举足轻重的指南作用，具备教化和目标激励功能，是一所大学的声誉招牌和特色之一，有着外树形象、内聚人心的作用。

下面选取我国部分高校的校训，以飨同学们。

北京大学校训：爱国、进步、民主、科学。

清华大学校训：自强不息，厚德载物。

北京师范大学校训：学为人师，行为世范。

中国人民大学校训：实事求是。

山东大学校训：气有浩然，学无止境。

中国海洋大学校训：海纳百川，取则行远。

浙江大学校训：求实创新。

西安交通大学校训：精勤求学、敦笃励志、果毅力行、忠恕任事。

哈尔滨工业大学校训：规格严格，工夫到家。

厦门大学校训：自强不息，止于至善。

深圳职业技术学院校训：德业并进，自强不息。

天津职业大学校训：育德育能，力实力新。

## 六、大学、大师、大学生

大学之大，在于其兼容并包，有容乃大；在于其思想深刻，精神伟大；在于其继承创新，发扬光大；在于其服务社会，贡献巨大。

大学之大，在于它拥有大师、大楼，在于它的大气，更在于它有一批又一批绵绵不断的大学生。

### 1. 学校：营造学习氛围，创造成才条件

在高等教育界有一种共识，办好一所高等学校要靠三大支柱，即师资、实验室和图书馆，俗称“大学三宝”。著名图书馆学者、教育家吉尔曼有句名言：图书馆是大学的心脏。求学期间，图书馆是一个更值得去“泡”的地方。

大学里还有各种各样的学生社团，可以结交朋友、锻炼才干；高水平的学术报告和讲座，可以与大师和名人对话，可以开阔眼界、拓展思维；功能强大的校园网，信息量大、参与性强；还有很多自习室，懒惰者的佛堂、勤奋者的书斋。另外，海报

栏内容包罗万象,尽显校园百态;可爱的辅导员,没事的时候可以忽略他(她),有事的时候一定要找他(她)……

荀子在《劝学》里曾说,“君子性非异也,善假于物也”。一个聪明的人,总是善于发现和利用身边有限的资源,用来丰富自己、完善自己,让它们发挥无限的作用。

**2. 教师:传授知识文化,指引学习方向**

前清华大学校长、著名教育家梅贻琦有一个著名的关于大学的论断:“所谓大学者,非谓有大楼之谓也,乃有大师之谓也。”这句话告诉我们,教师是一所大学最核心的竞争力、最珍贵的资源。教师的英文是 instructor,不是 teacher,是指导者,对大学生实现思想引导、心理疏导、学业辅导和生活指导,成为大学生的专业导师、人生导师、成长导师。

高职院校核心发展力是双师型技术名师。高职院校之大,不在大楼,而在技术名师;不在大楼林立,而在技术名师云集,这是高职院校核心发展力的根基所在。没有高水平的拥有“双师型素质”的技术名师,高职院校不可能培养出高素质的技术技能型人才。

**3. 学生:学习知识技能,升华思想品质**

大学生要实现成才目标,就要使个人的思想精神得到磨练和升华,系统地学习前人的基本知识和理论,形成科学的思维方法,掌握适应社会的多种技能,并强健体魄,陶冶审美情趣和艺术情操。

当然,大学的学习是一个艰苦的过程,主要靠自己去努力,不要总指望学校和老师。努力学习是一种责任,关键在于要发挥主观能动性,大胆实践、积极思索,力争实现自己的目标和理想。

## 七、走进专业

学科与专业建设是高等学校最重要的教学基本建设,是教学工作中的一条重要生命线,它决定着人才培养的格局与办学水平,对高等学校的改革与发展具有深远的影响和意义。拥有一批具有一定特色的品牌专业,对提高学校的知名度和办学效益将起到非常重要的作用。

**1. 专业的涵义**

目前关于专业比较权威的定义是社会学家卡尔·桑德斯提出的,他认为:专业是一群人在从事着一种需要专门技术的职业,这种职业需要特殊的智力来培养和完成，其目的在于提供专门性的社会服务。

专业的形成与社会分工的发展、自然科学与社会科学的分化与综合以及高等教育自身发展有着极其密切的联系，有其内在的必然规律。专业的形成是社会发展的必然。按照专业设置组织教学、进行专业训练、培养专门人才是现代高等教育的重要特点之一。

**2. 了解专业**

对于刚进入大学的学生来说，认识并了解自己所学的专业，在此基础上激发学习专业的兴趣与热情，是必须迈出的大学生活的第一步。同学们可以从以下十个方面来全面了解自己所学的专业，为接下来的专业学习和职业生涯发展打下坚实的基础。

(1)专业建设发展的历史、发展现状以及未来趋势。

(2)专业人才培养方案和人才培养目标。

(3)专业的核心骨干课程。

(4)专业建设所取得的成果和荣誉。

(5)专业的师资配备和教科研情况。

(6)专业的实验实训实习条件。

(7)专业的就业领域、就业前景。

(8)专业的社会知名度和行业企业美誉度。

(9)专业的知名校友、优秀毕业生等。

(10)专业的学习方法等。

**3. “好”专业与“差”专业**

职业不分贵贱，专业也没有好和坏之分，只有适合和不适合。根据高校的情况，专业开设时间有长短、学科实力有强弱、师资力量有高下、研究领域有差异。对学生而言，没有所谓的“好”专业和“差”专业，只有适合与不适合自己的专业。

**4. “热门”专业与“冷门”专业**

“热门”专业与“冷门”专业，主要是由于一定阶段、一定时期发展状况和趋势、学科自身发展、人才市场的供求比例所造成的。当前某些热门专业，由于需求饱和，几年内或许会“滞销”；当前某些冷门专业，几年后也有可能会出现供不应求。

“热门”与“冷门”是相对的，并非一成不变。伴随着我国经济发展与转型，传统行业调整、新兴行业成为新风口，人才需求也随之变化，热门、冷门专业的标准已经悄然发生改变。

目前，随着大数据、人工智能行业的快速发展，行业对新型人才的需求逐步扩大，这就要求传统专业必须适应信息化、智能化人才的培养要求，不断调整培养方向，推动人才培养由专门化向复合型转变。

目前全国各大高校为适应智能制造技术的发展趋势，设立了智能控制技术、云计算技术与应用、工业物联网技术等；根据智能制造衍生出的新业态、新技术、新产品、新模式，设立了服务机器人技术、人工智能技术、工业及管理软件技术、大数据技术等新兴专业；为助力国家“一带一路”倡议，增设沿线国家的小语种专业正成为必然趋势。

**5. 正确对待专业选择与学习**

大学除了学习专业知识以外，更重要的还是在于培养每个人建立适合自己的学习方法、思维方式，培养时间管理能力、社交能力、学习能力，而且大学的专业也并非就是今后就业的方向，虽然选专业需谨慎，但也不要给自己造成太大的压力。

“三百六十行，行行出状元。”结合个人兴趣爱好、气质特点和就业形势，应该正确理性地对待专业选择，激发学习兴趣，投身专业学习。即使目前暂时没有找到所学专业与自己兴趣的结合点，也可以在学好专业课的基础上，利用大学各种资源，依靠自学，多读书，拓展自己的视野，同时也可以辅修其他专业课程，取得相应学历证书或职业资格证书，增加自己的职场竞争力，为将来顺利就业、成功立业夯实基础。

推进大众创业、万众创新，是发展的动力之源，也是富民之道、公平之计、强国之策。2015 年国务院办公厅印发《关于深化高等学校创新创业教育改革的实施意见》，对未来五年高等学校创新创业教育给出了明确目标，要求全面深化高校创新创业教育改革。

大学生是宝贵的人才资源，大学生创新、创业是大众创业、万众创新的重要力量。作为职业生涯规划的基础，对专业的认知与了解成为绕不开的门槛，在很大程度上制约着职业生涯规划的时效性。

每一名刚进入“象牙塔”的大学生，都必须认真规划自己的大学生活以及未来的职业发展方向，培养自己的创新、创业能力，提高自己的职业核心竞争力和综合职业素养，让创新、创业活力竞相迸发、充分释放，用奋斗成就自己的人生梦想！

## 第二节　心目中的大学

大多数人都知道大学，但每个人心目中的大学是不一样的。正如一千个人眼中有一千个哈姆雷特。大学是什么，读大学到底读什么，每个人都有不一样的理解和看法。

### 一、大学是追寻人生梦想的摇篮

“雄关漫道真如铁，而今迈步从头越。”每一位莘莘学子将来想要成为什么样的人，想要过什么样的生活，想要成就什么样的事业，一切努力都要从大学开始，大学就是同学们追寻人生梦想的摇篮。

网络上的流行说法，男生要做“高富帅”，女生要做“甜素纯”。“高富帅”大概是指在身材、财富、相貌上完美无缺，“甜素纯”是指长相甜美、外形素雅和内心纯洁。

年轻，不只是人生旅程的一段时光，也不只是粉颊红唇和矫健的体魄。它是心灵中的一种状态，是理性思维中的创造潜力，是情感活动的一股勃勃的朝气，是人生春色深处的一缕东风。

年轻，代表着甘愿放弃温馨浪漫的爱情去闯荡生活，代表着超越羞涩、怯懦和欲望的胆识与气质。

1957 年 11 月，毛泽东在莫斯科大学向中国留学生讲话时说：“世界是你们的，也是我们的，但归根结底是你们的。你们青年人朝气蓬勃，正在兴旺时期，好像早晨八九点钟的太阳。希望寄托在你们身上。”

大学生是国家的栋梁、社会改革的先锋、民族振兴的希望。在新时代，每一位大学生既要仰望星空，又要脚踏实地，敢于追梦，勤于圆梦，做一个“高在人品”“富在才学”“帅在行为”的“高富帅”，做一个“甜在学知”“素在举止”“纯在心灵”的“甜素纯”，要成为有理想、有追求、勇于担当、敢于拼搏的“年轻一代”！

## 二、大学是独立生活与学习的起点

大学,是未来崭新的起点,踏进校园就意味着你要开始学会独立生活。独立的大学生活,首先意味着要学会自主学习。大学学习与高中学习的巨大不同,就是要学会能够在没有人督促和监督下自主学习,要学会选课、学会读书、学会听课、学会思考。

独立的大学生活,同样意味着要学会自立。没有了家长的精心呵护,一切生活琐事都需要自己来安排和打理。大多数同学都已年满 18 周岁,是成年人了,父母对你们已经没有抚养义务,当然也就没有义务为你们支付学费等费用了。父母之所以用省吃俭用的钱供孩子上大学,这完全是出于中华民族伟大的父爱和母爱。

大学里有若干个“第一次”,也有若干个“最后一次”。这个“第一次”也许就是“最后一次”。大学时光虽然美好,但总是时光匆匆,因此,请同学们认真把握大学生活中的每一个“第一次”,也就是珍惜每一个“最后一次”。

现在是时候该一个人走走了。“世界那么大,我想去看看。”和同学们一起,挥洒青春;至少培养一种兴趣和爱好;学会批判,思考自我;学会自我管理,开始自我奋斗,规划自己的人生旅程。

## 三、大学是民主与自由的天地

“五四”运动以来,大学就一直引导着爱国、进步、科学、民主与自由的潮流。同学们可以参与学校的民主管理,可以民主地选举班干部,可以不同意老师的观点与看法,受到处分也可以申诉;可以自由地发表言论,也可以自由地组织各种社团;可以自由地选课,也可以自由地恋爱。

然而,民主与自由只能是制度之下的民主与自由,一切都应当在党纪国法、校规校纪之下运行。一旦违反了校规校纪或者法律,就要亮黄灯、亮红灯,就要付出代价,就要对自己的错误负责。每个人都要有自省意识、法制意识、责任感与敬畏之心,不能借主张民主与自由就实行无政府主义、无视校规校纪、无视组织和纪律的存在。

## 四、大学是平等与竞争的舞台

现代社会是一个存在竞争的社会,没有竞争力很难在社会上立足。评选奖学金需要竞争，当选学生干部需要竞争，申请参加社团需要竞争。因此，同学们要有意识地培养自己的竞争意识，锻炼自己的竞争能力，正确理解合作与竞争，以应对将来职场和社会上竞争的考验。

从进入大学的第一天，同学们又都站在新的起点上，站在同一个起跑线上，一切都将从零开始，高考成绩、荣誉称号等都将成为历史。同学们都希望成为成功者，但成功需要付出不懈的努力。是否能够成功，关键要看在以后生活的长跑中，谁能率先冲过终点。幸福生活都是奋斗出来的，将来的你，一定会感激现在拼命的自己。

### 五、大学是温暖与祥和的大家庭

大学是一个大家庭，一个院系、一个班级、一个宿舍又组成了若干个小家庭。有朋自远方来，不亦乐乎？相聚便是缘。在这样的大家庭中，师长如同父母，教给大家知识，也教会大家如何做人、做事；同学、室友如同兄弟姐妹，相互扶持，相互关爱，共同进步。

一方水土，养一方人。同学们来自五湖四海，性格不同，生活习惯各异，难免会有不同观点，可能产生小的摩擦和分歧。“三人行，必有我师。”同学们要学会正确处理各种矛盾分歧，学会从他人身上汲取营养，取长补短，与朋友共享快乐、共担风雨，要以诚待人，主动关心帮助他人，学会宽容与克制，学会换位思考，学会尊重与理解他人，建立良好的人际关系。

### 六、对同学们的特别忠告

大学不是“蜜罐”，不是“保险箱”，不是“游乐场”，也不是“60 分万岁”，大学需要学会取舍，需要奋斗，需要学会有所为、有所不为。

著名法学家、烟台大学校长房绍坤先生 2010 年对大学新生寄语：“大学，对好学者，是天堂；对懒惰者，是地狱；对奋进者，是起点；对落伍者，是淘汰。大学是围城，未进者盼望，进入者冲出。”

## 第三节　为什么上大学

为什么上大学，这是每一个大学生必须要首先搞清楚的问题，否则就不能积极主动地适应大学、融入大学,也就很难充分、完整地享受大学生活,最终也就谈不上完全、彻底地拥有真正意义上的大学生活。

对重庆七所大学开展的调查表明:30%的大学生和32.5%的家长认为上大学的首要理由是"找一份适合自己的好工作",居各项选择之首。调查还表明,现实功利和自我利益目标成为40%以上大学生上大学的首要取向。

教育的目的不是学会知识,而是学习一种思维方式——在忙碌的生活中,时刻保持清醒的自我意识,不是"我"被杂乱、无意识的生活拖着走,而是生活由"我"掌控。

## 一、上大学是为了实现自我价值

大学最吸引人也最为大家津津乐道的就是"大学精神"。大学精神是大学在发展历程中经过长期积淀而形成的一种精神,是大学对自身角色定位的集中表达,体现了人们对大学存在价值和意义的思考;同时,它又以价值观念、文化规范等形式,指导和约束着大学生的行为。

虽然大学精神是柔性的,需要通过大学里师生和员工内心的自觉才能发挥作用,不如刚性的规章制度具有强制作用,但是世界上许多大学的发展历史都证明,这种柔性的力量对大学及其师生、员工的发展具有更重要的意义。

大学精神既深藏于大学之中,又游离于大学之外。它给大学注入了生命活力,使大学不仅是教学楼、图书馆、实验室、林荫路等建筑群落,也不仅仅是人才的集散地,更是人、思想、价值观念、批判、创新、智慧与博大胸怀的代表。

在真正的大学里,同学们能感受到学术的高贵、学者的尊严、思想的交流。大学精神潜移默化的影响,将使每一位师生更深刻地体会生命的尊严和人生的价值,经历一种无形的洗礼和熏陶。

教育不是让一个人掌握人类历史上所有优秀的东西,而是让一个人能够自由地生长和发展,更有创造力,成为自己可以成为的样子。大学里,多样化的专业学科要求、个性化的职业生涯设计、多元化的人才评价体系、丰富多彩的第二课堂,以及彰显个性的专业社团,都给了同学们极大的选择余地和充分的进步空间,大学平等地接纳每一位有梦想与追求的青年,无私地为每一位学生实现自我价值提供最大限度的指导与帮助。

站在大学这样一个新的起点上,意味着一切都将从零开始。同学们可以根据自己的兴趣爱好，利用学校提供的各种机会，发挥自己的特长，实现自我价值。这既是大学的魅力所在，也是大学的职责所在，更是年轻学子们实现个人理想的平台，理所当然地成为大学吸引众多青年学子向往的原因。

## 二、上大学是为了提升个人的综合素质

从中国古代的“大学之道，在明明德，在亲民，在止于至善”，到西方近代的“追求真理，传承学问”，大学精神，是探索真知、是坚守理性、是传承文明。

大学是一个全新的学习平台，具有丰富的学习资源，如馆藏丰富的图书、各类期刊、先进的数据库和电子图书系统、博学多识的师资、高端前沿的学术讲座等。

大学的学习和中学的学习有很大的不同，更独立、更开放，更注重学习能力和创新、创业能力的开发以及为人处世、人格修养和生活能力的提高；大学的学习更突出专业性、职业性和实践性。

大学是一个多角度塑造自我的平台，也有更多接触社会的机会，让同学们更清楚地认识自我、了解社会、提高社会适应能力。大学也给同学们打通了未来发展的通道，可以参军入伍，可以专升本、本升硕，或者到国外留学继续深造，也可以尝试创业，参加公务员考试、“三支一扶”等。

大学为同学们提供了一个提高综合素质的场所，搭建了未来职业发展的新起点。通过上大学，同学们获取一种学习的能力，塑造一个充实完善的自我。拥有了这些，同学们才能厚积薄发，应对日新月异的形势发展和与时俱进的知识更迭，为实现自我价值奠定坚实的基础。

## 三、上大学是为了民族的振兴与国家的富强

近代以来，青年不懈追求美好梦想，始终与振兴中华的历史进程紧密相联。无论是在火红的革命年代、激情燃烧的建设年代，还是改革开放的新时代，历史的书写从未离开过青年的担当。中国梦是国家的梦、民族的梦、人民的梦，更是青年的梦。

“少年智则国智，少年富则国富；少年强则国强，少年独立则国独立；少年自由则国自由，少年进步则国进步。”《中国少年说》这段让人热血沸腾的文字，是那个时代青年人的价值设定。周恩来年轻求学时“为中华之崛起而读书”的有力誓言，激荡了一代又一代中国青年，他们自觉地将国家的重担放在肩上，担当起了一个时代的重任。

2007 年 5 月 4 日，胡锦涛在《致中国青年群英会的信》中，希望广大青年成为：理想远大、信念坚定的新一代；品德高尚、意志顽强的新一代；视野开阔、知识丰富的新一代；开拓进取、艰苦创业的新一代。

2018 年 5 月 2 日，习近平在北京大学师生座谈会上，对广大青年提出了四点希望：一是要爱国，忠于祖国，忠于人民；二是要励志，立鸿鹄志，做奋斗者；三是要求真，求真学问，练真本领；四是要力行，知行合一，做实干家。习近平的这番寄语，既深刻阐明了青年的优势与特色，又明确提出了青年的责任与担当，更是对中国青年的殷殷嘱咐。

当今时代，世界综合国力的竞争，归根结底是人才的竞争，是民族创新能力的竞争。大学的责任，在推动创新，在培养青年，在孕育人才。同学们选择上大学，不能仅仅是为了找个好工作，不能仅仅为了自己个人的发展，更应该瞩目于民族的振兴、国家的发展。

如果同学们都把上大学的目的仅仅定位于找个好工作，仅仅为了个人发展，那么大学生活就难免沾染功利色彩，就会仅满足于知识的学习与重复，不会去追求知识的创新，那么大学将无法培养杰出的人才，民族的振兴、国家的富强、中华民族的伟大复兴也就无从谈起。

作为新时代的大学生，我们上大学的梦，无论是为了实现自我价值，还是探求真知，提升素质，无论是为了回报师长，还是奉献社会，首先应该是一个勇于担当的梦。同学们应当既要脚踏实地，又要志存高远，勇敢地担负起时代赋予的重任，努力在实现中华民族伟大复兴的“中国梦”的生动实践中放飞青春梦想，不辱时代使命，不负人民期望。

其实，以上所说的这一切，都不是同学们人生答卷中“为什么上大学”这一问题的标准答案，只是寻找答案的一种思考方法，真正的答案在同学们的积极思考与行动之中，在为实现中华民族伟大复兴中国梦的奋斗之中。

寻找这一答案的过程也许是漫长的，但同学们要相信，只要时时不忘思考，不忘初心，大家就会在可能遭遇的困难挫折面前、在希望渺茫的郁闷中，在物质利益的诱惑面前，始终心向那颗高悬在精神星空的灿烂北斗，重新站立起来，珍惜这个伟大时代，昂首向前。

我们坚信，同学们在毕业的那一刻，一定会勇气十足、信心百倍、朝气蓬勃地迈向社会，拥有更加灿烂的人生，为国争光、为民造福！

# 第二章　开始大学生活

中学到大学阶段，是一个承前启后、非常关键的阶段。“物竞天择，适者生存。”适应生活才是这个阶段的重中之重。同学们应该努力去适应环境，每一次适应，就是一次新的成长。

精彩的大学生活应从快速转变角色开始。从高中的“小天地”进入大学的“大家庭”，同学们要学会“归零思维”，找到自己的起点，严格要求自己，运用辩证观点，由感性向理性转变，凡事三思而后行，加强道德和法制观念，完成自我心态的转变；培养自主学习意识，强化自学能力，完成学习方式的转变；学会独立自主和集体合作，做到换位思考，学会包容和理解，保持乐观开朗与阳光自信的心态，实现生活方式和人际关系转变；养成良好的学习生活习惯，强化自我管理，做好目标管理、时间管理和情绪管理，充分展示自己的才华，让攀登成为一种人生姿态，做到自尊、自爱、自立、自强，向着自己心中的梦想不断迈进。

## 第一节　适应新的生活环境

从“黑色六月”到“金色九月”，从中学到大学，环境的改变是一个不争的事实，但这并不意味着每一个大学新生的认识和心态也能迅速、自然地跟上并适应这种改变。大学毕竟与中学有很大区别，大学生活是集体生活，又是独立生活。学习、生活环境的新变化，既是对同学们的严峻考验，也为同学们学习知识、培养能力、塑造人格等提供了有利条件。因此，及早了解客观环境、尽己所能调整好个体与环境的关系，才能在人生的新起点上迈出坚实的第一步。

### 一、克服心理断乳期，思想上要独立

大部分同学上中学的地方离家近，周末、月末可以回家，有爸妈照顾，庇护在父

母的羽翼之下,衣食住行这些事情从不需要同学们自己操心。

上了大学,不同于中学时光,远离了自己的家,生活领域不断拓宽,住在集体宿舍,舍友们来自五湖四海,兴趣爱好、生活习惯等许多方面可能存在着较大的差异。或许大学所在城市的饮食口味、气候、方言、风俗、风土人情等也会令一些同学不习惯。

这时,同学们要清楚明白地告诉自己,要学会独立,自己的事自己做,培养自己的自理、自立能力,学会料理自己的一切,养成良好的生活习惯,帮助自己更好地适应环境,减轻恋家的情绪负担,度过"理想间歇期"或"动力真空带",确定新的目标,用新的目标指引方向,提供前进的动力,提高人生境界。

## 二、科学安排时间,让生活有规律

良好的生活行为习惯需要严格的作息时间来维持,所以要有规律地生活。根据学校作息时间,制订适应自己的作息时间表,让自己的生活有规律、有安排、有管理。特别是对课余和节假日时间的安排,都要进行规划管理。严格执行作息时间表,养成早睡早起、折叠被子、衣物摆放有序、参加晨读晨练、衣冠整齐、当天事情尽量当天完成的好习惯,这是适应大学生活的良好开端。

## 三、注意饮食卫生,让生活更健康

勤洗手,勤洗澡,勤换衣服,勤扫地、抹桌子,勤开窗通风。按时吃饭,不偏食,不吃流动商贩的食品,不吃过夜腐烂变质食品,不暴饮暴食,多吃新鲜蔬菜水果,三餐有规律,戒烟限酒,养成良好饮食生活习惯。好习惯的养成有利于身体和身心健康,确保生活安全。

## 四、保证休息睡眠,让生活有质量

休息睡眠是生活的重要内容,每个人都要确保有充足的睡眠时间,每天睡眠不得少于7~8个小时,每天要按时早睡(晚上11点前睡比较合理),睡觉前不做剧烈运动,不过于兴奋,保持良好的心态,有利于提高睡眠质量。每天保证半小时午休时间,做到体力不透支,不疲劳做事。不要每天"饭来张口,衣来伸手,外卖到门口";不要"上床玩手机,下床打游戏,上课就犯困"。

### 五、学会科学理财，让生活有保障

上大学后，自己有单独的银行账户，身上随时都会备有现金，以满足生活需要。同学们要树立金钱管理意识，制订预算，建立账目明细表，计划开支，控制不必要的支出，要让每分钱发挥作用，正所谓“好钢用在刀刃上”。基本做法是，建立生活账本，记录自己每天的开支，统计月支出。在保证解决温饱的基础上，尽量删减其他不必要的开支，不大吃大喝，不铺张浪费，不追求奢侈品，不讲排场，不虚荣。不要形成上旬执行“市场经济”、中旬执行“计划经济”、下旬解决“温饱问题”的生活状态。

同学们要尽可能地把金钱用于获取知识、提高技能上，理解“投资”与“消费”的区别。若经济条件允许，可以做一些公益事情，资助困难同学，捐给希望工程，也可了解股票、期货、基金的有关知识，在征得父母同意的情况下，学一些投资理财知识，积累一些经验。

### 六、培养多种兴趣，让生活丰富多彩

注重自己的个性发展，培养自己的兴趣爱好，课余时间参加一些感兴趣的有益身心健康的社团活动、公益活动、合法的社会兼职活动和课外兴趣小组活动，让自己的生活丰富多彩，不赌博，不沉迷网络，不沉迷游戏，不参加任何非法组织，拒绝传销，不参与直销。正确对待网络，让网络成为自己的良师益友，每天坚持写博客、写日记，记录自己大学成长的轨迹，留下珍贵美好的大学回忆。

## 第二节　适应新的学习环境

每个人都知道学习的重要性，只有不断学习，才能适应这个变化的社会，才能取得可持续性的成功。大学教育是一种专业教育，学习信息量大、速度快，更加强调学习过程中的自主性、创造性、实践性。大学生活不仅是大学生成长历程的关键，而且也是未来事业的基础，可以为同学们走向社会做好充分的知识和能力储备。

## 一、了解大学阶段学习的特点

大学阶段的学习与中学阶段的学习相比，在课程设置、教学模式、考试方式、学习目的、学习方式、学习方法、学习内容等方面都发生了较大变化，对于刚进入大学的新生而言，如何适应这些变化、尽快了解和掌握大学学习的基本规律是摆在每一名新生面前的首要问题。

### 1. 学习内容具有专业性和选择性

大学的学习内容专业性特点十分明显，是一种以掌握专业知识和技能为特征的社会活动，是为将来走上工作岗位、适应社会需要而进行的学习。学习内容是围绕专业方向和社会需要展开的，同学们所选择的专业和未来的职业生涯紧密联系在一起。专业思想是否牢固和专业兴趣的多寡将直接影响大学生的在校学习情况和未来职业生涯发展。

### 2. 学习方式具有独立性和自主性

大学期间的学习虽然也有一定的强制性，但较中小学要少得多。首先，大学生所学专业大多数是自愿选择的，是大家感兴趣的。其次，除了学习基础知识，还要掌握各种专门知识，成为某学科的专门人才。最后，大学学习是以教师为主导、学生为主体进行的，这就要求大学生必须善于自觉、主动地学习，从“填鸭式”学习状态迅速转到“自主式”学习状态。

另外，大学生可以根据自己的兴趣和爱好，选择某些选修课，独立阅读各种书籍，制订学习计划，采用适合自己的有效学习方法，也体现出较大的自主性。自觉、积极、主动学习是大学学习活动的核心特点，培养和提高主动学习的能力是大学期间必须锻炼提高的一项重要技能。

### 3. 学习途径具有广泛性和多元性

大学生的学习形式多种多样。虽然课堂教学还是主要形式，但大学生可以依靠各种不同的途径和渠道来吸取知识，同时大学的实践性教学活动占有很大的比重。通过自学、学术报告、知识讲座、专题讨论、社会调查、第二课堂、文献查阅等活动方式来获取知识，加强实验、实习、社会实践和科技创新等实践性的环节，这些都是大学增长知识和才干的重要途径。从近些年的就业情况看，用人单位越来越注重学生的实践能力，如何把知识的掌握和技能的提高相结合，成为一个重要的课题。

**4. 学习方法具有一定的创新性和探索性**

爱因斯坦曾经说过:“高等教育必须重视培养学生具备会思考、探索问题的本领。”大学的学习具有明显的探索和研究的性质,即对书本以外的新观点、新理论、新技术、新工艺等进行深入的探索与钻研。

目前高校普遍加强大学生创新能力的培养,在课程设置、课程安排、教学模式、毕业设计等环节突出学生的主体地位,使同学们在研究中学习,在解决问题中学习,提高大学生的创新能力。

## 二、形成正确的学习方法

大学是专业学习的开始,也是独立思维的开始。因此,在大学掌握合适的学习方法、培养良好的学习习惯和思维方式至关重要。著名教育家钱伟长曾对大学生说过:“一个青年人不但要用功学习,而且要有好的、科学的学习方法。要勤于思考,多想问题,不要靠死记硬背。学习方法对头,往往能收到事半功倍的成效。”他也指出:“一个人在大学四年里,能不能养成自学的习惯、学会自学的本领,不但很大程度上决定着他能否学会大学的课程、把知识真正学通、学活,而且影响到大学毕业以后,能否不断地吸收新知识、进行创造性工作。”

大学的学习方法有很多,但最关键的是要选择形成适合自己的学习方法。《学会生存》这本书里曾提到:“未来的文盲,不再是不识字的人,而是没有学会怎样学习的人。”因此,在同学们进入大学学习之初,一定要对大学的学习特点和方法有所了解,尽快地找到一条适合自己学习的最佳途径,它决定着同学们在大学期间知识的厚度和宽度。

**1. 制订科学的学习计划**

通过学校组织的专业入学教育,或者多和专业教师、师哥师姐们请教交流,向他们咨询本专业的人才培养计划,了解有关本专业公共课程、专业课程、专业基础课、选修课的设置情况,了解本专业培养目标、培养计划和获得学位证书、毕业证书的必要条件,适时制订调整阶段性具体学习计划,做到有的放矢。

**2. 充分利用课堂教学环节**

首先,要做到主动预习,发现课程重点和难点、了解课程的前后关系及内在联系,做到心中有数,以便掌握听课的主动权,从而事半功倍,这是大学学习中非常重要的环节。

其次,要认真听课,努力提高听课质量,紧跟老师的思路,对老师强调的要点、难点和独到的见解,适时做好笔记,注意笔记的规范性、条理性和完整性。课堂上力争弄懂老师所讲的内容,经过认真思考,消化吸收,变成自己的东西。

再次,课后要及时复习,认真整理课堂笔记,对照课本和参考书,进行归纳和补充,使所学知识成为自己知识链条中的一个有机组成部分,达到开阔思路、扩展知识领域、为后续学习创造条件的目的。

然后,要独立完成作业,做到举一反三、触类旁通。大学的作业相对高中而言,量少而精,主要着眼于加深对原理的理解和思考方法的培养,因此必须认真对待。

最后,要做到阶段性总结复习,学会运用思维导图以融会贯通所学知识,温故而知新,形成自己的思维思路,把握所学知识的来龙去脉,使所学知识更加完整、更加系统,为我所用。

另外,对考试要有正确的态度,不作弊,不焦虑,不单纯追求高分,要把考试作为检验自己学习效果和培养独立解决问题能力的演练,起到及时找出薄弱环节、加以弥补的作用。

**3. 讲究读书的方法和艺术**

大学学习不仅是完成课堂教学任务,更重要的是如何发挥自学能力,选择与学业及自己的兴趣有关的书籍来读,不断地充实提高自己。学会在浩如烟海的书籍中选取自己的必读之书,那就需要讲究读书的艺术与方法。

首先确定读什么书。其次对确定要读的书进行分类,一般来讲可分为三类,第一类是浏览性质,第二类是通读,第三类是精读,浏览可粗,通读要快,精读要精,这样就能在较短的时间里读很多书,既广泛地了解最新科学文化信息,又能深入研究重要理论知识,这是一种较好的读书方法。最后,还要做到如下两点:一是读思结合,要深入思考,不能不求甚解;二是读书不唯书,不读死书,这样才能学到真知。

**4. 做时间的主人,充分利用时间**

时间是人生最宝贵的财富和资本。无论做什么事情,即使不花费任何精力,但都必须花费时间。大学期间,时间的机动性很大,首先要对自己的时间有一个系统的安排。学会分清轻重缓急,把重要的事情安排在自己精力最充沛的时候,最先处理重要的事情,做到有条有理;学会利用生活中的零碎时间,比如可以在睡前背英语单词,或者读几本大学生必读的书,提升自身的生活品质;切忌天天抱着手机玩游戏、刷微信、挂 QQ;积极参加青年志愿者活动、专业社团,练就一技之长;与图书馆为伴，与运动场为伍，做一个善于管理时间的人，对成就学业是非常重要的。

**5. 充分利用图书馆和互联网资源**

网络环境下的高校图书馆是文献信息交流的枢纽，聚集着丰富的纸质、音像、数字化等信息资源，不但能为同学们提供独立学习、独立思考、独立研究的舒适环境，而且展示给同学们的是一个博大、有序的知识库，提供了以计算机为媒介的网络检索等现代化的检索工具。

数字化教育的迅速发展给传统教育带来了很大的冲击，越来越多的教师开始使用混合教学模式，即课堂教学和在线课程相结合，在保证师生之间有足够的互动沟通的基础上，利用数字化技术提升授课效率。同学们应充分利用图书馆和互联网资源，及时了解和掌握本专业的发展动态和趋势，涉猎本专业以外的知识，开阔自己的眼界，优化自身的知识结构，培养创新能力。

在所有学习资源中，图书馆应该是同学们最亲密的伙伴，同学们的学习离不开图书馆。熟练利用图书馆和互联网搜集资料和掌握信息已经成为同学们必备的学习技能。

### 三、做学习上的“自燃人”

日本经营大师稻盛和夫在《干法》一书里将人分为三种类型：第一种是点火就着的“可燃型”人；第二种是点火也燃烧不起来的“不燃型”人；第三种是自己就能熊熊燃烧的“自燃型”人。他的观点是：要想成就熊熊事业，就必须成为一个“自燃型”的人。

学习和阅读是人一辈子的修行，同学们要在学业上有所成就，就必须成为学习上的“自燃人”。同学们上了大学，正所谓“师傅领进门，修行靠个人”。学习是唯一跟上时代的方法，同学们应时刻保持积极的学习态度、强烈的自我驱动力，提高学习能力，课上课下、校园内外，根据自身设定目标积极主动地去学习，用心去学习，知行合一，格物致知，全方位提升自己的综合素质，让学习成为一种生活方式，让学习成为一种习惯，让自己从优秀迈向卓越。

## 第三节　适应新的人际环境

大学是同学们由学校走向社会的最后一站。在这种环境里，培养自己良好的人际交往能力，与他人建立良好的人际关系，形成一种团结友爱、朝气蓬勃的氛围就显得尤为重要。这不仅是同学们正常学习、生活的保障，可以使同学们形成和发展健康的个性品质，更是同学们自我发展的深层需要，可以为未来的人生做一个长期的人际关系准备。

## 一、什么是大学生人际关系

人际关系是人们为了满足某种需要，在相互交往的过程中，彼此间相互影响而形成的一种心理上和社会上的联系。人际关系的好坏反映人们心理距离的远近。人际关系是社会关系的一个侧面，它是以情感为纽带，以人们的需要为基础，以交往为手段，以自我展现为标志的一种心理关系。

大学生人际关系是高校中人际关系的重要组成部分，它是大学生在学习、生活过程中结成的一种人际关系。其主要由认知、情感和行为三种心理成分构成。

首先，认知成分反映了大学生个体对人际关系状况的认识，是人际关系知觉的结果，是人际关系形成、发展和改变的基础。

其次，情感成分是交往双方在情感上的满意程度和亲疏关系，是与人的交往需要相联系的一种体验，反映出对交往现状的满意程度。

最后，行为成分是指大学生交往双方外显的行为表现，如语言、手势、举止、风度、表情等表现个性和传达信息的行为因素，它是建立和发展人际关系的交往手段与形式。

## 二、大学人际环境的变化

进入大学前，大部分同学没有独立生活过，是以考试为导向的应试学习，离不开老师和家长的精心呵护。跨入大学校门后，同学们便由一个思想单纯的中学生转变为一个志存高远、思想相对成熟的大学生，开始一个崭新的人生起航。

由于同学们来自全国各地、五湖四海，学生的“异质化”程度很高，地区的差异使同学们在思想观念、价值标准、奋斗目标、成长经历、风俗习惯、语言、性格、爱好等方面存在很多差异，每个人的差异明显大于中学阶段。同时，以家庭成员为主的生活方式演变为以宿舍集体生活为主的生活方式。学生会干部竞选、专业选课学习、社团活动、奖(助)学金评比等，一切都要靠自己打理，加之每个人都有较强的自尊心和自我意识，在日常接触和交往中，不免容易因为琐碎的事情产生一些矛盾。

大学的班级也已经不是中小学的班级概念。没有固定的教室和同桌，班内同学来自全国各地。不一定会有班主任，有班主任的也不像中学那样跟前跟后，见面的次数不会太多，辅导员也不是每天可以见到。有些大学有教学班和行政班之分，教学班是针对学习方面而言的，行政班是针对除学习外日常管理而言的，大学的班级是一个相对松散的集体。

另外，大学生宿舍也是同学们集体生活的地方，室友是最有可能成为挚友的人，而自我中心主义是宿舍集体生活的大忌，宿舍集体生活不可能像一个人生活那么自由。还有，大学期间大学生参加社会实践、专业实习、社会兼职，与外界接触的的机会越来越多。

总而言之，在大学阶段，同学们人际交往的范围不断扩大，人际交往的内容不断丰富，人际交往的要求不断提高，人际交往的难度也不断增大。

美国著名成人教育学家卡耐基曾说过："一个成功的人，15%靠专业知识，85%靠人际关系与处世技巧。"因此，同学们要学会和周围性格不同的同学和睦相处，对人要宽大仁和、坦诚相待，严以律己，宽以待人，创造一个安定团结、心情舒畅的生活和学习环境，为将来尽快适应社会打下良好的基础。

## 三、大学生人际关系的类型

目前大学生人际关系主要有以下四种类型。

(1)地缘型：指大学生因地域相同的缘故结成的人际关系，比如老乡会、同乡会等。

(2)业缘型：指大学生以所学专业为纽带形成的人际关系，包括师生关系、同学关系等。

(3)趣缘型：指大学生以兴趣为主(包括专业兴趣)结成的人际关系，如各种社团等。

(4)情缘型：指男女大学生为满足爱情的需要，通过与异性交往而建立的人际关系。

## 四、大学生人际交往的常见问题

### 1. 害怕交往

在人际交往的实践活动中，大家都存在不同程度的恐惧心理，只是每个人的反应程度不同。在学校里，常会发现这样一些同学：他们走路专挑幽静的小道，听课专拣边缘的一角，害怕与人直接目光交流。由于害羞、自卑、缺乏自信等心理的作用，与人交往时，显得特别紧张，心跳气喘、面红耳赤，两眼不敢正视对方，交谈时显得语无伦次、词不达意。时间久了，导致这些同学产生交往障碍，严重的可导致社交恐惧症。

**2. 拒绝交往**

在学校里还有这样一些同学：他们朋友不多，与人相处时，要么自高自大、自我封闭、孤芳自赏，瞧不起别人，拒人于千里之外；要么以自我为中心，没有集体意识和合作精神，做事全凭自己好恶，很少去体会别人的想法与感受，对周围的人与事漠不关心，出现问题都是别人的问题，仿佛他们永远是真理的掌握者；要么缺乏宽容和换位思考的能力，为一点小事就与别人闹得不可开交；要么缺乏交往的愿望和兴趣，但又特别敏感，心理承受力差，独往独来，不愿抛头露面，不愿与人交往。

**3. 不会交往**

还有一些同学，他们与人交往时，书生气十足，语言生硬木讷，内心的感情表达不恰当；不注意交往方式，在劝说别人、批评别人、拒绝别人时不讲究沟通艺术；与人沟通过程中，开玩笑不分场合，不注意保护别人隐私，不懂得给别人留面子；出言粗鲁，伤了对方的自尊心，不懂得尊重对方的风俗习惯，不懂装懂夸夸其谈。

**4. 高期望交往**

也有一些同学对人际交往的要求往往带有较浓的理想色彩，以友谊的理想模式为标准来衡量生活中的人际关系，导致高期望值与高挫折感并存。有一类学生常常回忆过去，对现实的人际沟通表现出强烈的不满。还有一类学生不懂得交往在于平时的积累，总期望别人主动与自己沟通、主动关心自己，拿朋友当“拐杖”，一旦自己有事求人时才去“临时抱佛脚”，交往的目的性和功利化较强。

**5. 缺乏纵向交往**

在大学中，大部分同学的交往是横向的，一般与同龄人沟通多，缺乏纵向交往沟通。由于社会经验不足，同学们在沟通中就会出现一些问题，比如在沟通中固执己见、妄自尊大，这些都是社交面过窄、自我认知有误造成的。

**6. 与父母沟通少**

沟通可以增进亲子之间的了解和感情，通过沟通，父母才能真正知道子女的需要和内心的感受，帮助子女解决他们面临的问题。在现代社会的快速发展中，两代人的价值观不同，让亲子关系有了隔阂。如果子女与父母沟通少或者采取消极的沟通方式，而父母又忙于工作，无法分身，这样一来两代之间的代沟将越来越大，父母在情感交流上就会逐渐丧失影响力。

**7. 虚拟交往增多，忽视现实交往**

随着网络技术的发展，虚拟世界开始成为当代大学生的精神家园。“踏着铃声进出课堂，宿舍里面不声不响，互联网上互诉衷肠。”网络虚拟交往具有两面性，在扩大人际交往范围与对象的同时，也容易使大学生忽视现实的人际关系，表现为逃避现实的心理现象。长此以往，必然引起交往者的情感匮乏并进一步趋向冷淡。加之，大学生一旦在现实交往中受阻，就会转向虚拟世界里寻求安慰和满足，淡漠面对现实人际环境，形成恶性循环，导致更加沉溺于网络，脱离现实，最终将导致退缩孤僻、自我封闭，致使人际交往出现淡漠与疏离。

## 五、大学生人际交往的原则

**1. 平等交往，尊重他人**

平等主要是指双方在交往态度上的平等。在交往过程中，每一位同学在人格上都是平等的，没有高低贵贱之分，绝不能因同学之间的出身、长相、经历等方面的差异而把人分成三六九等。

坚持平等交往的原则，就是要正确估量自己，不要仅看自己的优点而盛气凌人，也不要只见自身弱点而盲目自卑。尊重他人就是尊重他人的人格、习惯、情感和价值，同学们在人际交往中尤其要注意尊重原则，不损伤他人的名誉和人格，承认或肯定他人的能力与成绩，在帮助同学时要尊重他人的自尊，交往的方式很重要，对于敏感或要强的人尤其需要注意。

**2. 真诚热情，讲究信用**

调查发现，大学生评价最高的品质是真诚。真诚能使交往双方推心置腹、肝胆相照，真诚能使交往者的友谊地久天长。在人际交往中，热情使人感受到温暖，能促进人与人之间的相互理解，融化人与人之间的冷漠。因此，待人热情是人与人的情感沟通、促进人际交往的重要心理品质。

在交往中，同学们要做到热情关心，对朋友的不足和缺陷能诚恳批评，做到坦诚待人、襟怀宽广。

在交往中还要讲究信用，做到言必信、行必果。做事情要量力而行，承诺别人之后，不管多难也要做到，如果经过再三努力也没有做到，就要坦白地说清缘由。

**3. 互惠互利，乐于助人**

互利是指交往双方在满足对方的需要时，又得到对方的报答，双方的交往关系因此能继续发展。互利性越高，交往双方关系就越稳定密切。同学们在交往中不能只想着自己的利益，而是要多为别人着想，多做对人对己都有益的事。要与人为善，乐于帮助别人，同时又要善于求助别人。别人帮助你克服了困难，他也会感到愉快，从而促进情感的进一步交流和沟通。

**4. 宽容大度，互相包容**

宽容是指交往双方在不触及原则性的事情上不斤斤计较，在不失去原则的前提下最大限度地宽容对方。大学生个性较强，接触密切，不可避免地会产生矛盾。在交往相处中要懂得换位思考，不要斤斤计较，而要谦让大度、克制忍让，不计较对方的态度，不计较对方的言辞，要勇于承担自己行为的责任，做到“宰相肚里能撑船”“万里长城今犹在，让他三尺又何妨”。

人，没有尽善尽美；事，无一帆风顺。在交往时，要相互容忍、礼让，要善于结交不同类型的朋友，全面提高人际交往能力。懂得换位思考，麻烦就会减少；懂得将心比心，感情就会加深。

## 六、人际交往的技巧

人际沟通是一门艺术，人际交往需要掌握一定的方法，想做一名成功的沟通者，必须了解沟通的规律、掌握交往的技巧。

**1. 学会倾听**

倾听是沟通的有效法宝，几乎所有的人都希望别人倾听自己讲话。倾听是理解的前提，通往心灵的大道是人的耳朵，认真听人讲话就是对对方的极大尊重，是待人接物最基本的礼貌，也是吸收智慧的重要途径。

一场谈话用三分之一的时间说话，用三分之二的时间去倾听，应该说是一场成功的谈话。善于沟通的人一定善于倾听。

在现实生活中，会倾听的同学会有好人缘。同学们要提高自己的倾听力应注意以下五点。

(1)真诚关注。不仅要听对方说的话，还要注意对方的表情和神态，设身处地才能真正听懂。

(2)话要听全。要耐心，不要急着下结论，确定对方说完了再发表意见，免得弄错。

(3)切勿多话。经常插话会漏掉很多对方提供的重要信息，而且插话太多也会使交谈难以继续。但可以适时提出得当的询问。

(4)要适当回应。不只用耳朵，要用眼神、表情及整个身体适时地做出回应。身子稍微前倾，望着对方的面孔，脸部表情也要做出相应的反应。

(5)为了不失去他人对自己的信任与依赖，要为对方保守秘密。

**2. 学会诉说**

(1)明确表达心愿。东方人表达含蓄，西方人表达直接，但不管采取哪种表达方式，都必须明白自己要说什么，在什么情境下说，是在对谁说，应该怎样说。这就要求语言表达要简洁、清晰、明确，注意语音、语调、语速以及沟通的场所等。

说话时要做到：急事慢慢说，大事想清楚再说，小事幽默地说，没把握的事小心地说，做不到的事不说，伤害人的事坚决不说，没有发生的事不要胡说，别人的事谨慎地说，自己的事怎么想就怎么说，现在的事做了再说，未来的事未来再说。

切记，直接表达的话应该在适当的时间、恰当的气氛、合适的对象面前进行，要根据不同对象把握言谈的深浅度，根据不同的场合把握言谈的得体度，根据自己的身份把握言谈的分寸。

(2)善于表达感激。学会感激，别人也会回报；学会感激，自己也懂得珍惜。表达感激不是表面文章，感激要发自内心，真诚地说声“谢谢”，也许会比那些空洞华丽的话语更让人感动。

(3)真诚赞美对方。良好的人际关系是从赞美开始的。美国心理学家威廉·詹姆斯说：“人类本性上最深的企图之一是期望得到称赞，渴望赞美是深藏于人们心中的一种基本需求。”

如果同学们能够注意发现对方的优点，并进行真诚的、恰如其分的赞美，一定可以创造一种热情友好、积极热烈的交往氛围。当然，赞美一定要发自内心，适度得体、实事求是。

(4)适当拒绝。在人际沟通中，适当拒绝也很重要，毕竟每个人的能力有限，爱好也各不相同，如果一味地迎合对方，就会使交往变成一种负担。有些同学在和朋友交往中，碍于情面，对朋友要求的事不好意思拒绝，不善于拒绝，而自己又做不到或不愿意做，给自己造成了不必要的压力。

其实,直接清楚地说出自己的难处,获得对方的理解就是很好的办法,但注意说话要委婉,尊重对方,这样不仅不会失去朋友,反而会让人觉得诚实可靠,朋友会越来越多。

(5)成为幽默大师。幽默是一门出色的语言艺术,是交往中的润滑剂,当在交往中出现尴尬局面时,幽默的语言可以调节气氛,化解怨气。幽默的人往往很有吸引力。

(6)避免直接批评、责怪和抱怨。年轻人喜欢争论,有的同学心直口快,认为真诚坦率地直接指出对方的不足是在帮助别人。其实直接批评、责怪、抱怨别人会使他人的自尊心和自我价值感受损,尤其是面子上感到难堪。有时候只要稍稍改变一些方法,变直接批评、责怪、抱怨为间接的暗示和提醒,效果会好得多,这就是所谓的"坏话好说"的艺术。

**3. 非语言技巧**

心理学的研究发现,当语言信号和非语言信号不一致时,人们相信的是非语言所代表的意思。借助表情可以察言观色。所以,交往中还要注意一些非语言的沟通技巧。

(1)态度诚恳。无论对待什么样的交往对象,都应该以平等的态度,诚恳坦率,一视同仁。在与人沟通时,端庄谦逊,充分显示自己的诚挚之心。同学之间坦诚相待,积极合作,遇到矛盾时,委婉地表达自己的意见,会产生意想不到的效果。

(2)举止文明。举止文明是良好交往的基本要求,是人际沟通中思想感情表达的重要方式。朴素大方、温文尔雅的举止能正确表达人们的良好愿望,粗俗不雅的举止会令人生厌,适度的交往距离会使彼此心理上都感到舒适坦然,过度亲热或冷淡则容易引起对方的误会。

**4. 有效化解人际冲突**

每个人都希望生活充满阳光,都希望友谊地久天长、人情温馨美好,然而每个人都是独特的,都有自己独特的情感世界、行为方式和价值观。而且人人都有需求,有需求就会有满足和不满足。

人与人之间的冲突是不可避免的。如何避免人际冲突的发生及人际关系的破裂,是困扰每一位大学生的现实问题。

(1)什么是冲突。冲突的实质是一种对立的状态,是指人际交往双方由于沟通障碍、需要不同、认识差别、个性差异等引起的相互反对的互动行为。它是人际交往过程中常见的一种社会互动行为。

冲突发生的原因是多种多样的，可能是各方的需要和利益的不同，或者对问题的认识、看法不同，或者是价值观、宗教信仰不同，或者是行为方式、做事风格不同，等等。

总之，当各方的态度、动机、价值观、期望或实际行动不兼容，同时这些个体也意识到之间的矛盾时，个体间的冲突就发生了。

(2)人际冲突的三个层次。在与别人交往的过程中应该正确认识冲突，并对可能出现的冲突有思想准备，因此了解冲突发生的层次是非常必要的。

布瑞克和凯利将人际冲突分为三个层次：第一层次是特定行为上的冲突，即双方对于某个具体问题存在不同意见；第二层次是关系原则或角色上的冲突，即双方对于如何处理两个人的关系，对关系中各自的权利、义务有不同的理解；第三层次是个人性格与态度上的冲突，这往往牵扯到双方人格与价值观的差异，因此是比较深层次的冲突。在人际交往中，这三个层次的冲突有可能交织在一起。

一般来说，冲突层次越深，涉及因素就越多，情感卷入程度也越高，矛盾就越复杂，解决起来也就越困难。

(3)化解人际冲突的策略。解决冲突首先要使冲突各方保持冷静。对冲突进行一次全面客观的分析：引起冲突的事件是什么？冲突的起因在哪里？必要时向别人请教自己的观念是否客观，可能的解决办法有哪些，有什么利弊，选出对双方最有利的方法。

解决冲突的方法往往在于沟通，要学会与冲突的对方进行恰当、有效的沟通，共同协商，互相谅解。

宽容和理解是有效解决冲突的重要原则，许多冲突因误解而生，沟通有助于澄清事实，冲突的解决则有赖于双方的宽容和理解。

心理学家经过研究，提出了解决冲突的有效步骤，帮助人们控制和消除冲突。具体步骤如下所示。

第一，相信一切冲突都可以理性地获得解决。

第二，客观地了解产生冲突的原因。

第三，具体地描述冲突。

第四，向别人核对自己有关冲突的观念是否客观。

第五，提出可能解决冲突的办法。

第六，对解决方案逐一进行评价，筛选出最佳的解决途径，方法必须对双方都最有益。

第七，尝试使用选择出的最佳解决办法。

第八，评估实现最佳方案的实际效应，并按照给双方带来最大利益和有利于良好人际关系维持的原则给予修正。

## 七、学会自我心理调整，培养积极人生态度

人是情感动物，情绪有时会瞬息万变。作为一个对自己生命负责的人，不能成为情绪的奴隶，而要成为情绪的主人，学会调整自己的心态，培养积极的人生态度。

### 1. 微笑，气质会越来越好

微笑是一种特殊的语言，是自信的象征，是真诚的体现，是友好的表示。保持微笑说明心情愉快、乐观向上，对自己的能力有充分的信心。同时微笑也是对他人的尊重，是对生活的尊重。

中国武术艺术家李连杰曾感悟："我花了超过20年的时间，才体会最厉害的武器是微笑，最强大的力量是爱，现在我要凝聚这种力量，传递给更多有需要的人。"

法国作家雨果说："笑，就是阳光，它能消除人脸上的冬色。"生活因微笑而美丽，请微笑面对自己的生活吧！

### 2. 不抱怨，处境会越来越顺畅

当我们抱怨现实不公时，先看一下自己是珍珠还是沙子。如果不是珍珠，就努力让自己成为珍珠。沙子再多，最终也掩盖不住珍珠的光彩。

遇到问题时，不要忙着抱怨，抱怨换不来成功，只会伤害感情。懂得放下过往，才能真正拥有美好的明天。不抱怨的人生，自会得到最好的成全。

### 3. 理解，感情会越来越深厚

人与人之间交往要有分寸。没有分寸，就没有尊重，会引发彼此的焦虑、矛盾。分寸是什么，就是最大可能地站在对方角度考虑、换位思考。

任何一次磨合都是为了双方关系的更进一步。每个人都要相互体谅，理解是换位思考。当人们真正敞开心扉替对方着想，就会有更紧密的联系。

### 4. 包容，生活会越来越美好

家人，包容越多幸福越多；朋友，包容越多友谊越长。生活不是战场，无需一较高下。

“处己何妨真面目，对人总要大肚皮。”人与人，多一分理解，就少些误会；心与心，多一分包容，就少些纷争。办事有轻重缓急，与人相处也要有轻重缓急，绿豆大的小事，不必斤斤计较，包容越多，得到越多。包容别人，就是善待自己。

**5. 欣赏，人缘会越来越好**

“我见青山多妩媚，料青山见我应如是。”看看身边自己从来不曾欣赏过的普通人，他们没有被放大的功绩，却仍旧认真生活，努力工作，真诚待人，他们与人交往中表现出的同情、关爱都是朴实而真切的。这些人当中，有亲人、朋友、同事和邻居。他们在你失败受挫时安慰你、帮助你；在你成功兴奋时会鼓励你、赞美你。这些人才是自己真正应该欣赏的人。

**6. 善良，世界会越来越温暖**

做人一定要善良真诚。你施人温暖，人才会予你阳光；你施人真心，人才会予你和善。即使没人感激你的善良，你也要选择做一个善良的人。选择做什么样的人，是为了自己，不是为了别人。如果每个人都多一点善良，社会也会多一些和善。

**7. 感恩，路会越走越宽广**

感恩是一种处世哲学，是一种生活态度，是一种优秀品质，是一种道德情操。感恩父母，给予我们生命；感恩亲情，温暖人心；感恩生活，教会我们成长；感恩现实，让我们学会坚强；感恩爱情，不离不弃；感恩友情，风雨同行。

感恩我们成长的每一步，都有人指点；感恩我们生活的每一天，都有人帮助。一个懂得感恩的人，才是天底下最富有的人，未来的路也会越走越宽广。

# 生涯规划篇

# 第三章　职业、职场、事业

职业,是一个人安身立命之本,施展才华之基,成就人生之途。人的职场之路将直接影响人生理想与美好人生的实现。职业是基础,事业是发展。工作是成就事业的基础,人只有在工作中才能找到自身的价值。当一个人将职业当成事业来做,荣誉感和使命感会油然而生,工作越干越有劲,人越活越年轻,道路越走越宽广,生活越来越美好。

## 第一节　职　　业

### 一、职业的基本概念

职业是参与社会分工,利用专业的技能和知识,为社会创造物质和精神财富,获取合理报酬,满足自己的物质生活、精神生活需求的一种社会工作类别。是一个人的权利、义务、权力、职责的集中体现,也是一个人社会地位的一般表征。

职业的概念主要包括以下四方面含义。

(1)与人类的需求和职业结构相关,强调社会分工。

(2)与职业的内在属性相关,强调利用专门的知识和技能。

(3)与社会伦理相关,强调创造物质和精神财富,获得合理报酬。

(4)与个人生活相关,强调物质生活来源,设计满足精神生活。

职业是人类社会发展到一定阶段的产物,是随着社会分工的出现而产生的。随着生产力的发展、科学技术的不断进步,社会分工越来越细,职业也越来越多。职业产生和消亡的客观规律要求人们在选择职业类型时,不仅要考虑个人职业发展意愿,更要考虑时代前进的步伐所引起的社会需求趋势的变化。

职业是人们在社会中所从事的作为谋生手段的工作。从社会角度看,职业是劳动者获得的社会角色，劳动者为社会承担一定的义务和责任，并获得相应的报酬。从国民经济活动所需要的人力资源角度来看，职业是指不同性质、不同内容、不同形式、不同操作的专门劳动岗位。

职业不仅是谋生的手段，也是发挥个人潜能、创造人生价值的舞台，是奉献社会的渠道。一生中最宝贵的年华都处在职业阶段。在人生旅途中，职业是幸福生活的源泉。了解社会职业，合理规划自己的职业生涯，是同学们顺利就业的关键。

## 二、职业的特点

### 1. 基础性

职业是个人和社会存在和发展的基础。为了生存，人们必须从事职业活动，人们的各种社会活动大多建立在职业的基础上，有了职业生活，才有其他一切社会活动的基础。

### 2. 广泛性

职业涉及社会、政治、经济、心理、教育、技术、伦理等领域。

### 3. 时代性

职业的时代性有两个含义：一是职业随着时代的变化而变化；二是每一个社会都有自己的“时尚”，表现为每个社会都有人们所热衷的职业。

### 4. 同一性

某一类别的职业内部，其工作条件、工作对象、生产工具、操作内容、人际关系等都是相同的或相近的，人们就会形成同一行为模式，有共同的语言习惯和道德规范。

### 5. 差异性

不同的职业之间，存在着巨大的差异，这些差异包括职业劳动内容、职业社会心理、从业者个人的行为模式等。随着社会的进步，经济体制的改革，新的职业如经纪人等还会不断涌现，各种职业间的差异也会不断变化。

### 6. 层次性

众多的社会职业，可以区分不同的层次。从社会需要角度来看，各种职业没有重要与否，也没有高低贵贱的等级性，但现实社会中，职业的不同层次往往是由于不同职业体力、脑力劳动的付出、收入水平、工作任务的轻重、社会声望、权力地位等因素决定的。这种职业层次的差异，也为人们提供了公平竞争、自主择业的机会，促进了社会的健康发展。

## 三、职业的功能

美国著名人本心理学家马斯洛的需求层次理论（图 3－1）把需求分成生理需求、安全需求、归属需求、尊重需求和自我实现五类，依次由较低层次到较高层次排列。

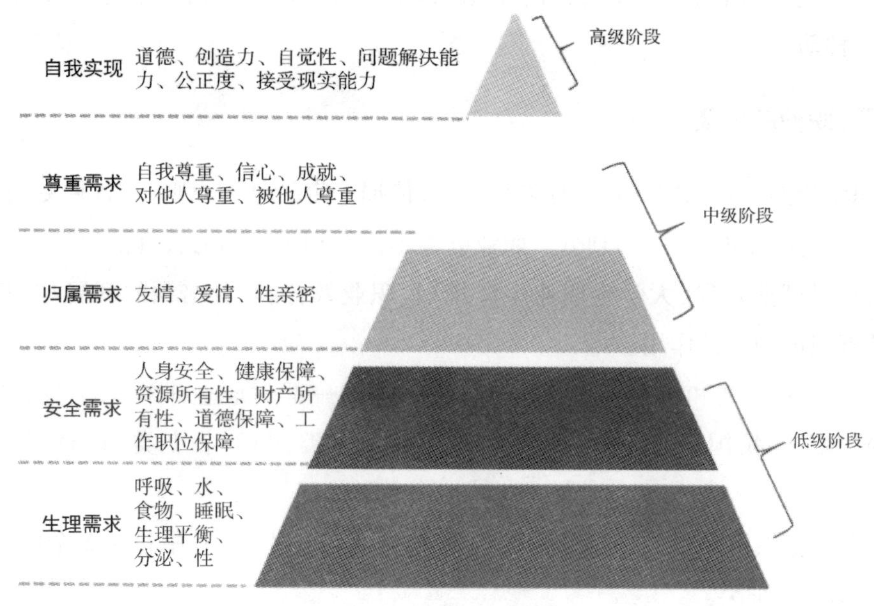


图 3－1　马斯洛需求层次理论

可以看到，个人创造潜能的发挥和自我实现是需要与职业的发展有机结合起来的。只有这样才是真正有意义的自我实现，才能得到最大的心理满足，使从业者绽放出让人敬仰的光彩，创造出闪光夺目的业绩。

### 1. 从个人角度看职业

从个人角度来看，职业有以下四种功能。

（1）职业是个人获得经济收入的来源，是个人维持家庭生活的手段。

（2）职业是促进个性发展的手段，当个人从事的职业能使个人的特长、兴趣得到充分发挥时，也就促进了个性的充分发展。

（3）职业是个人在社会劳动中从事具体劳动的体现，是个人贡献社会的途径。

（4）职业也是个人获得名誉、权力、地位和金钱的来源。

**2. 从社会角度看职业**

从社会角度来看,职业有以下五种功能。

(1)职业的存在和职业活动构成了人类社会的存在和社会活动。

(2)职业劳动创造出社会财富,为社会的存在和发展奠定物质基础。

(3)职业的分工是构成社会经济制度运行的主体。

(4)职业也是维持社会稳定,实现社会控制的手段。

(5)职业的运动如职业结构的变化、职业层次间矛盾的解决也是推动社会进步的一种动力。

## 四、职业的分类

职业分类就是采用一定的标准和方法,依据一定的分类原则,对各种专门化的职业所进行的全面、系统的划分。职业分类不仅有利于劳动力管理的科学化、规范化,而且对就业指导、大学生职业生涯规划、职业教育、职业培训的开展与相互衔接,具有积极的促进作用。

《中华人民共和国职业分类大典》是我国第一部对职业进行科学分类的权威性文献,将我国职业归为 8 个大类,66 个中类,413 个小类,1838 个细类(职业)。

第一大类:国家机关、党群组织、企业、事业单位负责人,其中包括 5 个中类,16 个小类,25 个细类。

第二大类:专业技术人员,其中包括 14 个中类,115 个小类,379 个细类。

第三大类:办事人员和有关人员,其中包括 4 个中类,12 个小类,45 个细类。

第四大类:商业、服务业人员,其中包括 8 个中类,43 个小类,147 个细类。

第五大类:农、林、牧、渔、水利业生产人员,其中包括 6 个中类,30 个小类,121 个细类。

第六大类:生产、运输设备操作人员及有关人员,其中包括 27 个中类,195 个小类,1119 个细类。

第七大类:军人,其中包括 1 个中类,1 个小类,1 个细类。

第八大类:不便分类的其他从业人员,其中包括 1 个中类,1 个小类,1 个细类。

由于经济发展、社会生产力水平不一,世界各国职业种类也不尽相同。从美国、加拿大等发达国家的统计资料看,职业已达 2 万多种。世界各国的国情不同,划分职业的标准也有所区别。根据不同的标准，职业可以有不同的分类方法。每一种分类方法，对职业的特性都有明确的解释，这对于同学们更好地理解和掌握某一职业的特点，选择合适的职业，具有一定的指导作用。

## 五、职业的发展趋势

跨入21世纪，由于科学技术日新月异、宏观经济持续增长、产业结构升级换代，特别是"互联网+"时代的到来，社会转型和职业分化的趋势进一步加快，职业越来越向高科技化、智能化、专业化方向发展。职业发展主要呈现以下几种特点。

**1. 新职业不断涌现**

生产力的发展水平，是决定和推动职业演变的根本原因。科技的发明应用，是现代社会职业迅速演变的重要原因。制度的变革，促进了职业的演变。物质文化水平的提高，不断产生和发展了一批新职业，传统职位逐步减少或消亡。

**2. 职业专业化程度不断加强**

专业化是一个普通的职业群体在一定时期内逐渐符合专业标准、成为专门职业并获得相应专业地位的过程。随着职业分工越来越细、越来越专，社会对职业专业水平的要求越来越高。

职业化是专业化的基础，而专业化更加强调专业技能的深入，强调方法论，强调独立思考，强调效能和结果导向，强调自我核心价值实现。当前，职业资格证书在许多国家进一步受到重视，与职业专业化的发展趋势直接相关。

**3. 体力劳动脑力化的比重越来越大**

随着我国"工业制造2025时代"的到来，推进"互联网+""标准化+""机器人+""大数据+"与传统产业深度融合，实施智能制造、"机器换人计划"，社会劳动不断机械化、自动化、智能化使体力劳动消耗越来越少，脑力劳动的消耗相对增加，于是出现了体力劳动脑力化趋势，技术人才比重加大，脑力劳动职位在社会职位总额中所占比重越来越大。

用人单位招聘员工越来越多地向"技术含量"高的人才倾斜，十分注重技术等级和熟练程度，希望求职者具有相当的技术等级，对持证上岗者优先录用。目前，我国在许多行业推行职业资格证书制度，职业资格证书与学历文凭一样重要，成为就业的重要凭据。

**4. 职业的综合化**

由于职业间的重叠和交叉,复合型人才日益被看好。现在用人单位最青睐的是能文能武、素质高的综合型人才。如希望谋求项目主管的人必须是技术设计师,同时还需懂得管理,还得有与顾客保持良好关系的销售才能。同时,人的职业更换将更加频繁,而每一次转换都会对从业人员提出更高的要求。由此可见,个人的能力与素质将变得至关重要。文凭已不是通向锦绣前程的唯一通道。

求职者,特别是年轻的求职者,如果想谋求好职位,必须抓紧一切机会锻炼自己,抱着“精一门,会两门,懂三门”的新观念,继续学习深造,自觉提高自身素质。

**5. 第三产业不断发展**

随着经济发展和人均国民收入水平的提高,劳动力存在着首先由第一产业向第二产业转移,然后再向第三产业转移的趋势。这一发现揭示了产业结构的演进规律,即随着工业化的发展,第一产业在国民经济中占有的支配地位逐步让位于第二产业,然后再让位于第三产业。

根据2010~2016年全国就业产业分布情况来看,第三产业就业人数不断攀升,第一、第二产业就业人数呈现下降趋势。这说明我国就业人员正逐步从第一、第二产业向第三产业转移,以服务业为主的第三产业正成为职业发展的重点领域,可以为社会提供更多的空缺职位,为求职者提供更多的就业机会。

## 第二节　职　场

### 一、职场概述

职场,工作场所的简称,职场存在于所有行业的工作场所,是软环境。通俗来讲,所谓“职场”就是在你身边一个大约十几个人组成的小圈子,这个小圈子就是一个浓缩的社会。

职场是人们共同追求物质价值的地方。社会中的政治和经济密不可分,在职场中职场政治和个人能力同样密不可分,职场的精英们个个有能力,懂政治。个人能力表现为时间掌控能力、知识水平、现场问题解决能力;职场政治能力表现为判断自身所处环境的能力。真正的职场精英可以做到三件事:我知道该做什么,我知道该怎么做,我有时间去做。

对于初入职场的新人这三个步骤是相反的:即我有时间去做事情,我才知道该怎么做,然后我才能知道这件事情该不该做。职场新人需要依次掌握的四个本领是:时间管理能力、问题分析能力、判断能力、执行能力。

## 二、职场定位

职场定位是自我定位和社会定位两者的统一。一个人首先要确定自己是谁,适合做什么工作;其次告诉别人你是谁,擅长做什么工作。只有在了解自己和了解职业的基础上才能够给自己做准确定位,才会善用自己的资源,才会持久地发展自己。

首先,要了解自己。主要是核心价值观念、动力系统、个性特点、天赋能力、缺陷等。可采用的方法有:可以自我探索,可以请他人做评价,可以借助心理测验。

其次,要了解职业。包括职业的工作内容、知识要求、技能要求、经验要求、性格要求、工作环境、工作角色等。可采用的方法有:询问业内的专家,参照业内成功人士。

第三,要了解自己和职业要求的差距。每个人可能会有多种职业目标,但是每个目标带来的好处和弊端不同,每个人需要根据自己的特点仔细权衡选择不同目标的利弊得失,还要根据自己的现实条件确定达到目标的方案。

第四,要确定如何把自己的定位展示给面试官和上司。确定了自己的职业取向和发展方向之后,需要采用适合自己的方式传达给面试官或者上司,以此获得入门和发展的机会。

现在职场竞争越来越激烈,很多人事业上发展不顺利,有时不是因为能力不够,而是选择了并不适合自己的工作。很多人并没有认真地思考一下"我是谁"和"我适合做什么",也因为不清楚自己要什么,把时间用于追逐不是自己真正适合的工作上,于是随着竞争的加剧会慢慢感觉后劲不足,逐渐失去自己的优势地位,或者被淘汰。

## 三、职业能力

职业能力是人们从事其职业的多种能力的综合。现代社会,一个人应具有的职业能力主要包括:社会适应能力、人际交往能力、表达能力、创新能力、组织管理能力等。

**1. 社会适应能力**

社会生活纷繁复杂,生活环境不断变化。只有培养适应环境的能力,才能在社会和工作岗位立足,才能谈得上对环境的改造。

**2. 人际交往能力**

人际交往能力就是以社会认可的方式,妥善处理人与人之间的关系,并与他人和谐共处、共同发展的能力。善于处理好人际关系,才能充分施展才能。

**3. 表达能力**

表达能力是指以语言或者其他方式展示思想情感的能力。它是交流科学技术、交流情感的工具。表达能力主要包括口头表达能力和书面表达能力。口头表达能力要求语言流畅、灵活,讲究艺术性;书面表达能力要求具备逻辑性、艺术性和条理性。

**4. 创新能力**

创新能力是指用积累的知识,通过探索研究,在头脑中创造出新的形象,提出新的见解的能力。创新能力是人才素质的核心,包括发现问题、提出问题、分析问题和解决问题的能力。

**5. 组织管理能力**

组织管理能力包括计划能力、组织实践能力、决断能力、指导能力和平衡能力。无论从事何种工作,都离不开组织管理。组织管理可以把计划付诸实施,把他人的积极性都调动起来,把大家的智慧都发挥出来。

## 四、职业意识

### (一)什么是职业意识

职业意识是人们对职业劳动的认识、评价、情感和态度等心理成分的综合反映,是支配和调控全部职业行为和职业活动的调节器,贯穿于一个人职业发展的全部历程。

职业意识是作为职业人所应具有的意识,以前叫作主人翁精神,其核心是爱岗敬业精神。职业意识影响职业目标的确定、职业能力和素质的培养。

提高职场竞争力必须树立并强化职业意识,在职业意识认知与培养的基础上确定职业方向，进行职业生涯规划，有针对性地提高素质与能力，才能为职业生涯的发展奠定良好的基础。

## （二）职场应具备的职业意识

### 1. 责任意识

责任意识就是清楚明了地知道什么是责任，并自觉、认真地履行社会职责和参加社会活动，把责任转化到行动中去的心理特征，是衡量一个人成熟与否的重要标准。

责任只有轻重之分，而无有无之别。责任心不但是一种工作态度，是一种品质，是一种使命，是一种追求，更是一种自我发展的机遇，一种自我发展的手段，是对自己所负责工作的忠诚和守信，是对本职工作的出色完成。执行力源于责任心，责任心决定执行力。

### 2. 奉献意识

认同自己的职业，身怀爱岗之心，对待工作怀有崇敬和虔诚的态度，全身心地投入到工作当中去，强化主人翁意识，最大限度地激发工作的积极性和主动性，自觉投入更多的精力、才华和心血，才能在平凡的岗位上干出不平凡的业绩。敬业奉献精神的深层次来源就是一个人对其工作的强烈责任心。

### 3. 素质意识

素质之于人，犹如水面上的冰山之于整座冰山。决定人成功的不仅仅是技能知识，更重要的是价值观、素质等冰山潜伏在水下的部分。品质的成熟铸就事业的成功。要成功，首先要学会做人，不断地修炼自己，培养自己的综合素质。

### 4. 团队意识

在这个快节奏的时代，一个人的能力再好也有力所不及的时候。一项工作的完成往往是很多人共同协作的结果。职业活动中不仅需要竞争，还需要主动合作精神，竞争与协作相伴而生，相离而失。

### 5. 竞争意识

竞争无所不在，压力也无处不存。只要你有所作为，只要别人对你有期望，你就会有压力，就要去竞争。有了压力，才会有动力。成功需要竞争意识。竞争意识能够让人时刻充满着能量，时刻感受着战战兢兢、如履薄冰。它使人带有不服输的劲头，让人败不馁。

**6. 学习意识**

不但要“学会”，而且要“会学”，只有具备学会学习的能力，掌握正确的学习方法，才能不断掌握新技能，进行技术创新，适应时代的发展要求。“学习力”已成为职场衡量人才质量高低的一个尺度。

**7. 自律意识**

“自律”是指在社会和集体生活中对法律法规和制度的自我服从。这种服从源自内心，是一种自愿的、自发的，甚至是自然的，不需要外在监督就能实现的行为，有助于良好习惯的养成。自律意识是人格、人品及自身形象的真实反映，同时也是对他人、对社会、对公益的一种尊重。

**8. 创新意识**

创新意识是一个民族进步的灵魂，也是国家兴旺发达的不竭动力。创新意识的培养不但需要深厚的知识积淀，还需要用科学的方法进行训练，比如利用发散性思维、逆向思维和侧向思维等方法，培养创新思维和创新能力。

**9. 规范意识**

规范意识是指从业者按照所在单位成文的规章制度和企业文化所认同的不成文的习惯性规定，自觉地履行岗位职责、规范自身行为的意识。遵纪守法是各用人单位对应聘者职业道德的首要要求。

**10. 质量意识**

质量意识就是指自觉保证工作质量的一种意识，其包括负责的生活态度、工作态度，还包括知识水平、业务水平，涉及人的参与意识与伙伴精神。培养质量意识是和规范意识、责任意识的养成相辅相成的。具有规范意识和责任意识是拥有质量意识的保证。

**11. 危机意识**

危机意识是指对紧急或困难关头的感知及应变能力。社会变化之快和竞争之激烈会导致我们每一个人都将面对危机。只有保持危机意识，才能主动去学习，主动去思考如何提高应变能力，否则就像身处“温水的青蛙”，会被无情的现实淘汰掉。“生于忧患，死于安乐”，“顺应变化，正视竞争，常思危机”这是同学们应具备的基本认识。

## 五、职业素养

目前国内学者对职业素养的内涵理解较多，尚未形成统一认识。综合各种研究来看，职业素养应主要包括职业意识、职业道德、职业行为习惯和职业技能四个方面。

其中，职业技能由于具有显著的专业或职业特点，所以具有明显的特殊要求及专业指向。职业道德、职业意识、职业行为习惯主要体现在敬业精神、诚信品质、责任意识、团队意识、沟通能力、学习能力、进取心、吃苦耐劳等方面，具有一定的普适性。

在职业素养的四个方面中，职业道德是基石，是人才得以健康成长的最基本要素；职业意识、职业技能和职业行为习惯均建立在职业道德良好的基础之上。

**1. 敬业**

忠诚敬业是每一个人都应具备的职业素养，更是成功的基础。如果你能做到忠诚敬业，敬业乐群，树立正确的职业观，并把忠诚敬业变成自己的一种习惯，你就一定会一步步走向事业的成功之巅。

**2. 专业**

一个公司要想发展，离不开人的支撑。从从业者的角度而言，要真正成为企业的必需人才，就必须能够达到专业，必须不断地提升自身的职业修养，努力提升个人职业技能，不断解决“本领恐慌”问题，将职业当作事业，最终实现自我超越。

乔布斯在斯坦福大学演讲最后告诫同学们：stay hungry ，stay foolish。身处知识经济时代的每一个人，学习不仅是一种追求，更是一种必须。只有不断更新知识，更新思路，变得更加专业，才能适应工作的需要，在工作中把握机会，甚至创造机会。

**3. 勤奋**

作为职场人，每天要面对职场中的各种事物，同时职场人如果能够保持对于工作充足的热忱，展现出一定的活力并且能够影响到职场中的其他人，这样的职场人是最受欢迎的。

古今天下之庸人，皆以一“惰”字致败。勤奋是职业人成功的基础，也是职业素养中的一个重要指标。

**4. 尽职**

尽职就是从现实做起，从自己做起，勇于主动承担工作责任，迎难而上，尽心尽责，乐于奉献；工作中细致认真，出现问题及时发现，并为工作献计献策，勇于实现工作创新;结合岗位特点,树立自己正确的事业观、价值观,自觉规范自己的言行。

**5. 服从**

职场中每个人的工作乃至整个企业的发展都是需要制订策略的,而好的策略重要性自然更强。但是只是去制订好的策略是远远不够的,关键问题是还需要将企业的策略具体执行并且得到一定的成效。作为一名员工,拥有高效的执行力能够将自身工作和企业相关工作在保证质量的前提下尽快完成,不仅能够促进企业的发展,还能够使自身得到提升。

**6. 合作**

无论职场人在职场中所处职位怎样,具备良好的沟通合作能力是非常有必要的。同时,拥有良好的沟通合作能力能够提升职场人在职场中的关注度,进而使自身工作的努力和成效能够被企业管理者发现并予以承认。

举例来说,高职服装设计专业学生应具有的职业素养见图 3－2。

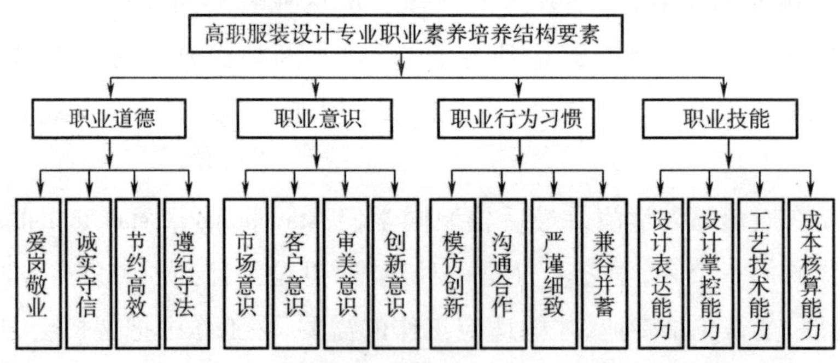


图 3－2　高职服装设计专业职业素养培养结构要素

## 六、工匠精神

在我国经济发展进入新常态,产业结构向中高端发展,全社会创新创业全面展开的大背景下,大力提倡“工匠精神”具有很强的现实意义和深远的历史意义。

### (一)“工匠精神”的本质内涵

关于“工匠精神”的内涵有多种多样的表述。综合各种研究和理解,现代社会所谓“工匠精神”,属于职业精神范畴,泛指社会、组织和个人所倡导的,对产品、服务或工作精益求精、追求完美和极致的一种精神理念，是职业道德、职业能力、职业品质的体现，是从业者的一种职业价值取向和行为追求。

可从以下三个层面来理解“工匠精神”。

**1. 从思想层面看：爱岗敬业、无私奉献**

工匠们对自己所从事的工作有着无比的敬畏和无限的热爱，把自己的时间和精力、聪明与才智全身心投入，耐得住寂寞，守得住清贫，不急功近利，不贪图名利，视职业为生命。

这是工匠精神的基础。

**2. 从行为层面看：持之以恒、推陈出新**

工匠们对精品执着地坚持，对专业执着地探索，专注于工作，专注于职业，专心致志排除一切干扰，为不断改进设计，不断提升产品和服务，绝不停止追求进步，没有最好，只有更好。

这是工匠精神的灵魂。

**3. 从目标层面看：精益求精、追求极致**

工匠们对待工艺品质无不精雕细刻，对细节有着近乎苛刻的要求，追求完美，严格遵守质量标准，不投机取巧，一丝不苟，孜孜以求，以实现“青出于蓝，而胜于蓝”的目标。

这是工匠精神的表现。

### （二）“工匠精神”的当代价值

实现中华民族伟大复兴的中国梦不仅需要大批科学技术专家，同时也需要千千万万的能工巧匠。“工匠精神”作为一种优秀的职业道德文化，很好契合了时代发展的需要，具有重要的时代价值与广泛的社会意义，现代社会呼吁“工匠精神”的强势回归。

**1. 社会文明进步的重要尺度**

物质文明和精神文明是推动社会文明进步的“两个轮子”，是实现中华民族伟大复兴中国梦的“一双翅膀”。从精神文明建设来看，“工匠精神”作为一种职业精神，同社会主义核心价值其中的“敬业”“诚信”要求是高度契合的。从物质文明建设来看，“工匠精神”在物质文明的创造过程中可以发挥强大的精神动力及智力支持作用。

**2. 推动中国制造前行的精神源泉**

为实现中国从全球制造大国到制造强国的跨越，成功实现中国制造2025战略目标，必须在全社会大力弘扬以"工匠精神"为核心的职业精神。"质量之魂，存于匠心。"只有当敬业、精益、专注、创新的"工匠精神"融入生产、设计、经营的每一个环节，实现由"重量"到"重质"的突围，中国制造才能赢得未来。

**3. 企业竞争发展的品牌资本**

在现代市场经济视域下，塑造良好的品牌形象，有效开发、经营品牌资本，是企业参与市场竞争、占领市场至高点的重要手段。"工匠精神"是企业品牌内涵的重要体现，也是企业品牌知名度、美誉度以及顾客忠诚度培育的有效途径，更是企业品牌资本价值增值的重要来源。

**4. 员工个人成长的道德指引**

事实上，企业员工所具有的高尚职业操守和强烈"工匠精神"，同拥有较高专业知识技能一样，是其自身立足职场的重要条件和在未来职业生涯中脱颖而出的制胜法宝。"工匠精神"作为一种职业精神，将是企业员工提升个人精神追求、完善个人职业素养、实现个人成长进步的重要道德指引，将激励员工在平凡的岗位上做出不平凡的业绩，造就出彩人生。

## 七、职业资格证书

**1. 职业资格**

职业资格是对从事某一职业所必备的学识、技术和能力的基本要求。它包括从业资格和执业资格。从业资格是指从事某一专业（职业）学识、技术和能力的起点标准。执业资格是指政府对某些责任较大、社会通用性强，关系公共利益的专业（职业）实行准入制度，是依法独立开业或从事某一特点专业（职业）学识、技术和能力的必备标准。

**2. 职业资格证书**

职业资格证书是表明劳动者具有从事某一职业所必备的学识和技能的证明。它是劳动者求职、任职、开业的资格凭证，是用人单位招聘、录用劳动者的主要依据，也是境外就业、对外劳务合作人员办理技能水平公证的有效证件。

**3. 就业准入制度**

就业准入制度是指根据《劳动法》和《职业教育法》的有关规定，对从事技术复杂、通用性广、涉及国家财产、人民生命安全和消费者利益的职业(工种)的劳动者,必须经过培训,并取得职业资格证书后,方可就业上岗的制度。

## 第三节　事　　业

### 一、事业的基本概念

事业是指人们所从事的,具有一定目标、规模和系统的对社会发展有影响的经常活动。事业是很高层次的概念,它是解决人类最高层次的需求,社会认可和自我价值的真正实现。

事业是一个人可以一辈子为之所奋斗的,终其一生去为实现自己的目标而坚持不懈地努力。事业并不是所有的人都乐意去努力或者所有的人都能实现的。在这个过程中,有的人不管路途有多遥远,不管上班事情再多,也不管工资收入再少,只要喜欢,就会去从事。事业是由职业人自己确定的人生目标和理想,并不惜一切个人资源和努力为之奋斗,包括自己的人生。

### 二、事业与职业的区别

#### (一)从活动目的性看

职业具有求取生活来源性,其成就感主要体现于物质层面,为了一定的物质需求,不得不从事的某一固定活动。

事业则具有目标性、经常性、持续性和长期性,需要积极主动地去做,要坚持下去,其前提自然是对这项活动很有兴趣,感觉到它非常有意义和有价值,其成就感主要体现于精神层面。

#### (二)从活动持续时间看

职业活动往往对年龄有严格要求,如机关工作者,一般 60 岁即必须按规定退休,职业活动即终止。运动员职业生涯时间更短。但也有不受时间限制的职业,如发明创造、商品销售、中介、公益活动等职业,可以以此为谋生手段,可以活到老干到老。

事业由于具有长期性的特点，因此事业往往没有时限，是贯穿人一生的事，没有退休一说，只要身体允许，任何时间都可以从事。

可以用下列语言来定义职业、事业更容易让人理解。职业就是今天干完，明天还得干；为了养家糊口，不干不行；不干没法生活。事业就是今天干完，明天还想干；再累也不感觉累，再苦也不感觉苦。

人最幸福的事情是："职业 = 事业"。

## 三、事业是职业生涯的最高境界

有这样一个故事：

有三个建筑工人在共同砌一堵墙。

这时，有人经过问他们："你们在干什么呀？"

第一个人头也没抬，没好气地说："你没看见吗？在垒墙。"

第二个人抬起头来说："我们当然要盖一间房子。"

第三个人边干活边唱歌，脸上满是笑容："我在盖一间非常漂亮的房子，不久的将来，这里将变成一个美丽的花园，人们会在这里幸福地生活。"

十年后，第一个人仍是一名建筑工人；第二个人成了建筑队的带班队长；第三个人成了他们的总经理。

这个故事之所以如此广泛流传，是因为它告诉了人们一个浅显而实用的道理：面对同一环境，不同的工作心态、职业心态造就了他们不同的未来。

职业心态总是伴随并影响每个人。心态好，像是"隐形的翅膀"，助你不断腾飞；而不良的心态，就是荆棘，会给你的职业人生造成障碍。心态决定努力结果。

中国台湾龙华科技大学有个人才培养公式 $C=(K+S)^{A}$，其中：C(Competency)代表学生的核心竞争力，K(Knowledge)代表知识，S(Skill)代表技能，A(Attitude)代表态度。由此可见：态度决定一切。正如一位哲学家这样说过："如果一个人把本职工作当成事业来做，那么他就成功了一半。"可见，职业和事业，虽一字之差，但职业心态和职业态度的不同，却造成人生的天壤之别。

如果仅仅把职业当成生存的资本，或者只是把目光停留在工作本身，就可能会把所从事的工作当成苦役，索然寡味，即使从事的是最喜欢的工作，但仍然无法持久地保持工作激情，得过且过，难有作为。

如果以积极的心态面对职业，有目标，有追求，把工作当作事业来看待，那工作起来就会心情舒畅，充满激情、富于创造，就会精益求精、开拓创新，做出一番成就来。发明家爱迪生每天在实验室工作长达18个小时，但他说："我从来没有工作过一天，每一天都是乐趣。"事业是一种积极的、主动的、创造性的劳动，它的荣誉感和使命感会立即将工作中的一切不如意一扫而空，会有良好的精神状态和不竭的动力。

作为一个职场中人，一定要明白一个道理，在这个职业社会里，任何目标和理想都必须通过工作来实现，每个人的价值就在工作的过程中得到体现。应该用做事业的态度来对待自己的工作，只有把工作做好了，才能获得精神和物质上的回报，才会在职业发展中不断取得进步，超越自我，达成自己的事业规划，并最终实现自己的人生目标。

把工作和自己的职业生涯联系起来，以事业的眼光和态度做好职业，以职业的发展和进步帮助自己取得事业的成功，这似乎成了一个互相关联的链条，首先打造好了链条的前段——职业的生涯，后面的链条——事业或者梦想才会更加牢固。

# 第四章　职业生涯规划

同学们及早了解职业生涯规划及其内容和步骤，了解职业生涯规划的相关理论，将有助于进一步认识并确立职业生涯目标的重要性，树立正确的职业理想，制订明确的职业目标，不断进行有效的职业决策，增强学习的积极性、主动性和目的性，使同学们的大学生活更富有意义、更令人满足、更有成效，也会使同学们内心最深处的梦想成真。

## 第一节　职业生涯与职业生涯规划

### 一、什么是职业生涯

职业生涯，即指个体职业发展的历程，一般是指一个人终生经历的所有职业发展的整个历程。职业生涯是一个人一生中所有与工作相联系的行为与活动，以及相关的态度、价值观、愿望等连续性经历的过程。

职业生涯是一个人一生的主体，是人生旅途中最关键、最辉煌的阶段。没有进步快慢之别，也没有成功与失败的区别。职业生涯主要受个人因素、社会因素、环境因素三方面的影响，这三大因素是互相关联、互相依靠、相互制约，共同影响人的一生，任何因素的改变都可能影响职业生涯的发展，可以说是多方面相互作用的结果。

### 二、职业生涯的特点

**1. 独特性**

每个人都有自己的职业条件、职业理想、职业选择，有为实现自己的职业理想所做的种种不同努力，有着与别人相区别的、自己独特的职业生涯发展轨迹。

**2. 发展性**

每一个人的职业生涯都是一种发展、演进的过程。马斯洛的需求层次理论将人的需要划分为五个层次,五种需要像阶梯一样从低到高,当低的需求得到满足,人们就会向高的需求层次发展。

同样,大学生在大学阶段设立的职业生涯目标也会随着目标的逐步实现而有所变化和提升,正所谓“登高望远”,当个体的人生视角更加宽阔,追求的目标也会发生改变。就整体而言,职业生涯是一个具有一定逻辑性的过程。

**3. 阶段性**

每个人的职业生涯发展过程都有着不同的阶段,可以分为不同的时期。人在不同的职业生涯阶段有着不同的目标和任务,职业生涯各个阶段之间具有递进性。

**4. 终生性**

每个人的职业生涯作为一种动态发展的历程,是根据个人在不同阶段的追求而不断蜕变与成长,直至终生。退休只是一个人所从事的这一份职业在法律上的停止,但自身在职业上所投入的精力和所收获的成长并不一定结束。

**5. 整合性**

由于个人所从事的工作或职业往往会决定其生活状态,而且职业与生活两者之间又很难区别,因此职业生涯应具有整合性,涵盖人生整体发展的各个层面,而非仅仅局限于工作或职位。

**6. 互动性**

人的生涯是个人与他人、个人与环境、个人与社会互动的结果。个人的“自我”观念、主观能动性、所掌握的社会职业信息、所掌握的职业决策技术,对于其职业生涯有着重要的影响。

## 三、什么是职业生涯规划

职业生涯规划最早起源于 1908 年的美国。有“职业指导之父”之称的弗兰克·帕森斯(Frank Parsons)针对大量年轻人失业的情况,成立了世界上第一个职业咨询机构——波士顿地方就业局,首次提出“职业咨询”的概念。从此,职业指导开始系统化。

到 20 世纪五六十年代,著名职业生涯规划大师舒伯等人提出“生涯”的概念,于是生涯规划不再局限于职业指导。90 年代中期,职业生涯规划从欧美国家传入中国，是一个比较新的概念。

所谓职业生涯规划，又叫职业生涯设计，是指个人根据自身的主观因素和客观条件，确立自己的职业生涯发展目标，选择实现这一目标的职业，制订和安排相应的教育、培训、工作计划并付诸行动，实施职业生涯目标的过程。

简单来说，职业生涯规划即知己知彼，择优选择职业目标和路径，并用高效行动去实现职业目标的过程。

美国著名职业心理学家施恩教授提出“外职业生涯”和“内职业生涯”。“外职业生涯”是指从事职业时的工作单位、工作地点、工作内容、工作职务与职称、工作环境和工资待遇等因素的组合及其变化过程。“内职业生涯”是指从事一项职业时所需具备的知识、观念、心理素质、经验、能力、身体健康、内心感受等因素的组合及其变化过程。

“内职业生涯”的发展是“外职业生涯”发展的前提，“内职业生涯”发展带动“外职业生涯”的发展。“内职业生涯”在人的职业生涯成功乃至人生成功中具有关键性作用。因而在职业生涯的各个阶段，人们都应重视“内职业生涯”的发展。尤其是在职业生涯早期和中前期，尤其是对于尚未毕业的大学生，或者是刚刚参加工作的新员工，一定要把对“内职业生涯”各因素的追求看得比“外职业生涯”更重要。

## 四、职业生涯规划理论

经典的职业生涯规划理论如下：

(1)职业选择理论，如帕森斯的特质因素理论和霍兰德的职业人格类型理论；

(2)职业生涯发展理论，如金斯伯格的职业生涯发展阶段理论、格林豪斯的职业生涯发展阶段理论、舒伯的生涯发展理论、琳达·戈特弗雷德森的职业抱负发展理论；

(3)美国施恩教授提出的职业锚理论；

(4)认知信息加工理论。

上述职业规划理论都是成熟的经典理论，但随着社会文化的变迁、经济结构的演化，职业生涯理论也必须不断自我更新，才能适应外界环境的变化，满足组织和个人对于长期发展的期望。

### (一)帕森斯的特质因素理论

帕森斯的特质因素理论又称帕森斯的人职匹配理论，是最早的职业辅导理论。

美国波士顿大学教授弗兰克·帕森斯于1909年在其《选择一个职业》的著作中提出了一个全新的观点，即人与职业相匹配是职业选择的关键。他认为，每个人都有自己独特的人格模式，每种人格模式的个人都有其相适应的职业类型。

所谓“特质”，就是指个人的人格特征，包括能力倾向、兴趣、价值观和人格等。所谓“因素”，则是指在工作上要取得成功所必需具备的条件或资格。

最重要的是，这些特质都可以通过心理测量工具来加以评量，同样，这些因素也可以通过对工作的分析加以了解。这样就使得职业指导由理论分析走向了实际应用，从一般的定性分析走向了精确的定量测量。从此，职业规划真正成为一门科学。

帕森斯特质因素理论因其具有较强的可操作性，被人们广为采用，近百年来经久不衰。其具体步骤如下。

第一步：探究个人，即评价求职者的生理和心理特点（特质）。

通过心理测量及其他测评手段，获得有关求职者的身体状况、能力倾向、兴趣爱好、气质与性格等方面的个人资料。这些测验如下所示。

（1）成就测验：用来了解一个人究竟学会了多少东西，又有哪些是对工作有价值的。

（2）能力测验：测试个人的最佳状态，并展现他在多大程度上能胜任某项工作。

（3）人格测验：测试个人未来最适合担任哪类工作，并可能实现多大的发展程度。

而后，通过会谈、调查等方法获得有关求职者的家庭背景、学业成绩、工作经历等情况，并对这些资料进行评价。

第二步：分析各种职业对人的要求（因素），并向求职者提供有关的职业信息，如职业描述、工作条件、薪水等。

它包括以下四点。

（1）职业的性质、工资待遇、工作条件以及晋升的可能性。

（2）求职的最低条件，诸如学历要求、所需的专业训练、身体要求、年龄、各种能力以及其他心理特点的要求。

（3）为准备就业而设置的教育课程计划，以及提供这种训练的教育机构、学习年限、入学资格和费用等。

(4)就业机会。

第三步:人职匹配,即整合个人和工作领域的信息,这是特性因素理论的核心。

在职业指导过程中,他提出了职业设计的三要素模式。

(1)清楚地了解自己,包括性格、能力、兴趣、自身局限和其他特质等资料,以便做到特性匹配,即不同的人去适合自己的"活"。

(2)了解各种职业必备的条件及所需的知识,在不同工作岗位上所占有的优势、不足和补偿、机会、前途,以便做到因素匹配,即要知道某类的活适合什么样的人。

(3)上述两者的平衡,即指导人员在了解求职者的特性和职业的各项指标的基础上,帮助求职者进行比较分析,以便选择一种适合其个人特点又有可能得到并能在职业上取得成功的职业。

毫无疑问,特性—因素理论为人们的职业设计提供了最基本的原则,我们可以使用它在实际中为人解决职业规划发展的问题。

**(二)霍兰德的职业人格类型理论**

美国职业咨询专家霍兰德于1971年提出了具有广泛社会影响的职业人格理论,也是对我国影响最大的一种职业生涯规划理论。

霍兰德认为包括价值观、动机和需要等构成的职业兴趣是决定一个人选择何种职业的一个重要因素。霍兰德从1959年起经过多次大规模的实验研究,发现个人的遗传因素和生活经历等形成了个人独特的人格,而个体所选择的生涯发展方向必须符合这种人格,才能最好地发挥潜能。这正是霍兰德人格类型与职业类型匹配理论的核心理念。

霍兰德理论的核心假设是人根据其人格可以分为六大类,即现实型(R)、研究型(I)、社会型(S)、传统型(C)、企业型(E)、艺术型(A),职业环境也可以分成相应的同样名称的六大类。

六种人格类型与职业环境类型相对应如下。

第一种是现实型。具有这种兴趣的人喜欢有规律的具体劳动和需要某种技能的工作。这种类型的人往往缺乏社交能力,这类职业包括机械工、电工、农民、森林工人、农场主等。

第二种是研究型。具有这种兴趣的人喜欢智力的、抽象的、推理的、独立定向的工作，他们会被吸引去从事那些较多认知活动（思考、组织、理解等）的职业。这种人格往往缺乏领导能力，这类职业有生物学家、化学家以及大学教授等。

第三种是社会型。具有这种兴趣的人会被吸引去从事那些包含着大量人际交往内容的职业，而不是那些包含着大量智力活动或体力活动的职业，如心理咨询医生、外交工作者以及社会工作者等。

第四种是传统型。具有这种兴趣的人会被吸引去从事系统且有条理的职业，具有良好的控制能力，相当保守，一般按常规办事。这类职业的例子有办公室工作人员、会计，银行职员等。

第五种是企业型。具有这种兴趣的人性格外向，喜欢冒险活动和担任领导角色，喜欢从事那些包含着大量以影响他人为目的的语言活动的职业。比如，管理人员、政治家、律师以及公共关系管理者等。

第六种是艺术型。具有这种兴趣的人会被吸引去从事那些包含着大量自我表现、艺术创造、情感表达以及个性化活动的职业。这类职业的例子有艺术家、广告制作者以及音乐家等。

霍兰德理论的实质在于工作者的人格类型与职业类型相适应。他认为，人格类型与职业环境的匹配是形成职业满意度、成就感的基础。人们会寻找适合自己的职业环境来充分发挥自己的能力、价值，表达自己的态度以及承担问题和责任。同一类型的工作者与同一类型的职业互相结合，便达到适应状态，这样工作者找到了适宜的职业岗位，其才能与积极性才能得以发挥。然而上述人格类型与职业关系也并非绝对的一一对应。

霍兰德在研究中发现，尽管大多数人的人格类型可以主要地划分为某一类型，但个人又有着广泛的适应能力，其人格类型在某种程度上相近于另外两种人格类型，则也能适应另两种职业类型的工作。也就是说，某些类型之间存在着较多的相关性，同时每一类型又有种极为相斥的职业环境类型。比如，人的人格类型中很可能是同时包含着社会型、现实型和研究型这三种类型的。霍兰德认为，这些人格类型越相似或相容性越强，则一个人在选择职业时所面临的内在冲突和犹豫就会越少。

霍兰德所划分的六大类型，并非是并列的，而是有着明晰的边界。在霍兰德理论中，最理想的职业应该符合以下几个特点。

（1）一致性。即人格的代码在六边形中距离越近越好。

(2)分化性。即某人在六种类型上的表现大致相同。

(3)身份认定。即对自己的兴趣、目标以及天分具有明确而稳定的概念。

符合这几个特点的个人如果能够顺利选择与此相符的职业环境,即个人与职业的适配性较高时,那么他未来的职业绩效、坚持度、工作满意度以及稳定度就会大为提高。霍兰德的职业兴趣理论是个体分析和了解自己职业兴趣的工具。

### (三)金斯伯格的职业生涯发展阶段理论

金斯伯格将职业生涯发展分为以下三个阶段。

**1. 幻想期:处于11岁之前的儿童时期**

儿童对大千世界,特别是对于他们所看到或接触到的各类职业工作者,充满了新奇、好玩的感觉。此时期职业需求的特点是:单纯凭自己的兴趣爱好,不考虑自身的条件、能力水平和社会需要与机遇,完全处于幻想之中。

**2. 尝试期:11~17岁,这是由少年儿童向青年过渡的时期**

此时起,人的心理和生理在迅速成长发育和变化,有独立的意识,价值观念开始形成,知识和能力显著增长和增强,初步懂得社会生产和生活的经验。在职业需求上呈现的特点是:有职业兴趣,但不仅限于此,更多地和客观地审视自身各方面的条件和能力;开始注意职业角色的社会地位、社会意义以及社会对该职业的需要。

**3. 现实期:17岁以后的青年年龄段**

即将步入社会劳动,能够客观地把自己的职业愿望或要求,同自己的主观条件、能力以及社会现实的职业需要紧密联系和协调起来,寻找合适于自己的职业角色。此期所希求的职业不再模糊不清,已有具体的、现实的职业目标,表现出的最大特点是客观性、现实性、讲求实际。

### (四)格林豪斯的职业生涯发展阶段理论

格林豪斯的职业生涯发展阶段理论将职业生涯分为以下五个阶段。

**1. 职业准备(0~18岁)**

发展职业想象力,对职业进行评估和选择,接受必需的职业教育。

**2. 进入组织(18~25岁)**

在一个理想的组织中获得一份工作,在获得足量信息的基础上,尽量选择一种合适的、较为满意的职业。

**3. 生涯初期(25～40岁)**

学习职业技术,提供工作能力;了解和学习组织纪律和规范,逐步适应职业工作,适应和融入组织;为未来职业成功做好准备。

**4. 生涯中期(40～55岁)**

对早期职业生涯重新评估,强化或转变自己的职业理想;选定职业,努力工作,有所成就。

**5. 生涯后期(55岁直至退休)**

继续保持已有的职业成就,维持自尊,准备引退。

### (五)舒伯的生涯发展理论

舒伯是美国有代表性的职业学家,他把人的职业发展划分为五个大的阶段。

**1. 成长阶段**

成长阶段的年龄跨度从0～14岁,分为三个时期。即幻想期(10岁之前)、兴趣期(11～12岁)、能力期(13～14岁)。

**2. 探索阶段**

探索阶段的年龄跨度从15～24岁,分为三个时期。

(1)试验期(15～17岁):开始进行择业尝试。

(2)过渡期(18～21岁):查看劳动力市场,或者进行专门的职业培训。

(3)试验承诺期(22～24岁):选定工作领域,开始从事某种职业。

**3. 建立阶段**

25～44岁为建立稳定职业阶段,分为两个时期。

(1)尝试期(25～30岁):对初就业选定的职业不满意,再选择、变换职业工作。

(2)稳定期(31～44岁):最终职业确定,开始致力于稳定工作。

**4. 维持阶段**

45～64岁这一长时间内,已不再考虑变换职业工作,只力求维持已取得的成就和社会地位。

**5. 衰退阶段**

人达到65岁以上,即将退出工作,结束职业生涯。

## 五、职业生涯规划的意义

### 1. 职业生涯规划问题的提出

人生、职业生涯是一个不断选择与实践的过程，规划的作用在于可以把“我想做的事情”与“我能做的事情”有机结合起来，在客观分析自身和客观环境后，为生涯设定目标，并制订达成目标所需要采取的步骤。

昨天的选择铸就今天的辉煌；今天的选择，决定你今后的人生；为了明天，现在要做不悔的正确选择。职业生涯发展是人一辈子的事，而经营自我则是人生最浩大的工程。

根据舒伯的职业生涯发展理论，大学生正处于职业生涯的探索阶段，且正好跨越了该阶段的过渡期（18～22岁）和试验承诺期（22～24岁）的两个时期。在这两个时期，大学生的个体能力迅速提高，职业兴趣趋于稳定，逐步形成了对未来职业生涯的预期；而完成了职业学习和职业准备，大学生毕业后则会走上初次就业岗位，正式开始职业生涯。因此，在试验承诺期内，许多大学生往往需要就自己的未来职业生涯做出关键性的决策。

大学期间是职业生涯规划的黄金阶段。职业生涯规划对大学生来说，就是在自我认知的基础上，根据自己的专业特长、知识结构，结合社会环境与市场环境，对将来要从事的职业以及要达到的职业目标所做的方向性的规划与行动方案。

目前，在大学生就业工作中出现了一个奇怪现象，就是大学毕业生“就业难”与用人单位“招人难”的矛盾，出现“有人无事干”和“有事无人干”的情况。

究其就业难问题的原因有多种因素，一是校企之间缺乏沟通和了解、信息渠道不够畅通，二是高校专业设置或课程设置不太合理、脱离实际需要，三是大学生普遍缺乏科学的职业生涯规划。职业生涯规划不科学具体表现在：定位不清，目标不明；缺乏核心能力，就业竞争力弱；工作主动性弱，不热爱自己的职业。

生涯规划越早开始越好。通过做好职业生涯规划，可以解决好大学生职业生涯中的“五定”——定向、定点、定位、定心、定时，尽早确定自己的职业目标，选择自己职业发展的地域范围，把握自己的职业定位，保持平稳和正常的心态，按照自己的目标和理想有条不紊、循序渐进地努力，塑造充实自我，对大学生未来职业走向和职业发展具有十分深远的影响。

### 2. 职业生涯规划对大学生的意义

职业生涯规划对大学生的意义可归纳为下列五点。

(1)帮助大学生形成生涯觉察,进行自我生涯探索,培养生涯角色意识,明确生涯角色责任。

(2)帮助大学生明确阶段性的学习目标,增强大学生学习的主动性。

(3)帮助大学生发掘自我,发挥个人专长,开发自我潜能,克服发展困阻,避免人生陷阱,获得事业成功。

(4)帮助大学生了解来自社会竞争的压力,适应组织发展需要,提高素质、应对挑战。

(5)帮助大学生实现自我价值最大化。

著名职业生涯规划专家金树人说过:“人为自己设下目标,带出希望。生涯规划,即是将自己托付于这个目标的一种安身立命。”因此,职业生涯规划对大学生有着不容忽视的重要意义,应该从大学生入学就开始尽早设计规划,帮助同学们根据可能发生的变局,不断调整自己、激发潜能、突破障碍,为自己未来一生的职业发展打下坚实的基础,将来达到自我与职业的双赢,实现人与职业的和谐发展。

## 第二节　职业生涯规划设计

理想的职业就是做自己喜欢做的事情,做自己擅长做的事情。为了避免职业迷茫和困惑,减少职业误区和陷阱,非常有必要做一个完整、务实的职业生涯规划。

### 一、职业生涯规划的三大要素

大学生职业生涯规划设计是以自我认知和职业认知为基础,综合考虑内外部环境和评估职业机会后,确定职业目标,选择职业发展路径,并制订行动计划和策略,从而帮助自己完成职业生涯规划设计。俗话说“知己知彼,百战百胜”,这句话便点出了职业生涯规划的三大要素:知己、知彼、抉择。

**1. 知己**

所谓知己,就是自我认识与自我了解,即自我评估。简言之,包括:我是谁? 自己喜欢做什么(职业兴趣)? 能够做什么(职业能力)? 适合做什么(职业人格)?

**2. 知彼**

所谓知彼,就是环境评估,即熟悉周围的环境,特别是与生涯发展有关的工作环境、工作世界，包括家庭环境、学校环境、社会环境、职业环境等。

**3. 抉择**

所谓抉择，就是在知己、知彼的基础上，进行正确的职业选择，确定符合现实、能充分发挥自己专长和强项、自己有浓厚兴趣并且与环境相适应的职业目标。

抉择的准则有以下五点。

(1)择己所长：选择自己擅长的领域，才能发挥自我优势。

(2)择己所爱：只有对自己选择的职业有极大的热爱，才会全身心地投入。

(3)择世所需：职业只有为社会所需，才会有发展保障。

(4)价值最大：适合自己，并有发展前景的职业。

知己与知彼相互关联，如图4－1所示。若确定的个人生涯目标符合现实，而不是一厢情愿；或若对从事的职业极感兴趣，而不是被动地去干；或若从事的工作能发挥专长，利用了个人的强项；或若对工作的环境很好适应，而不是感到处处困难，难以生存，这就说明你的生涯规划不仅做到了知己、知彼，而且还做出了正确的抉择。因此，知己、知彼与抉择就是职业生涯规划的三要素。即“生涯规划＝知己＋知彼＋抉择”。

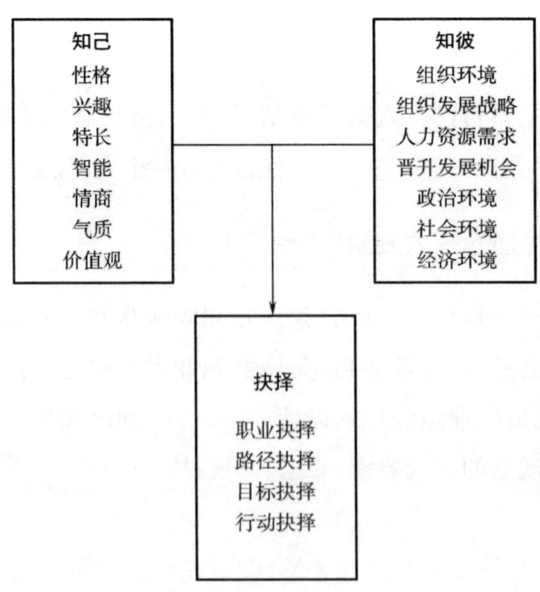


图4－1　职业生涯规划要素及其关系

成功的职业人生可以用下面的公式来表示。

成功的职业人生 = 积极向上的人生目标 × 今天的全力以赴 × 现实正确的选择。

## 二、职业生涯规划应遵循的原则

职业生涯规划应遵循以下七个原则。

(1)长期性原则:规划一定要从长远考虑,着眼于大方向。

(2)挑战性原则:规划要考虑制订目标或措施是否具有挑战性,目标选择能否对自己起到内在激励作用,如果目标达成,能否产生成就感。

(3)清晰性原则:目标、措施是否清晰、明确,实现目标的路径、步骤是否合理、具体。

(4)可行性原则:是否从实际出发考虑了个人、社会和企业环境的特点与需要,与社会、企业的需要是否协调,阶段性路线划分与措施是否具体可行。

(5)适时性原则:各种目标的行动安排,先后次序是否做出了明确的时间限制或标准,时间表是否足以作为日后行动检查的依据。

(6)适应性原则:目标或措施是否具有弹性或缓冲性,是否能随环境的变化而做调整。

(7)持续性原则:主目标与分目标是否统一,具体规划与人生总规划是否一致。

## 三、职业生涯规划的内容和步骤

职业生涯规划是职业成功的第一步。为了使未来的职业风险降到最低,就要遵循科学的职业生涯规划方法。职业生涯规划通常可以依照以下的步骤进行。

### (一)了解自我

全面客观冷静地了解自我、做好自我评估是一个明智的职业生涯规划的开始。只有准确地认识自己,才能避免设计中的盲目性,进行准确的职业定位,对自己的职业做出正确的选择,才能选定适合自己发展的职业生涯路线,才能对自己的职业生涯目标做出最佳抉择。

了解自我、做好自我评估主要包括自己的优势和不足、个性特征、兴趣、潜能、气质、性格、学识水平、技能、智商、情商、价值观、思维方式、思维方法、道德水准以及社会中的自我等。简言之,就是:“我是谁?”(心理特征)、“自己喜欢做什么?”

(职业兴趣)、"能够做什么?"(职业能力)、"适合做什么?"(职业人格或者气质)。

**1. 兴趣——自己喜欢做什么**

孔子曾说过:"知之者不如好之者,好之者不如乐之者。"20世纪的科学巨匠爱因斯坦也曾经说"兴趣是最好的老师"。职业兴趣是一个人对待工作的态度、对工作的适应能力,表现为有从事相关工作的愿望和兴趣。它是以一定的素质为前提,在生涯实践过程中逐渐发生和发展起来的。它的形成与个人的个性、自身能力、实践活动、客观环境和所处的历史条件有着密切的关系。强烈且稳定的兴趣是职业选择的重要参考依据,它直接影响工作的满意度、职业稳定性和职业成就感,是职业生涯成功的重要因素。

对于职业兴趣的分类有很多,根据颇具权威的霍兰德职业兴趣分类方法,职业兴趣分为六种类型,分别是传统型、艺术型、实践型、研究型、社会型、管理型。

影响职业兴趣形成的因素很多,通过自我分析和霍兰德职业兴趣量表的测量,可以基本了解自己的职业倾向,作为生涯探索与定位的参考依据,这是做好职业生涯规划的基础步骤。

**2. 能力——自己能够做什么**

人的能力可分为以下几种。

(1)基础能力:如注意力、观察力、记忆力、思维力、想象力等;

(2)专项能力:如领导能力、管理能力、协调能力、压力承受能力、人际交往能力、语言表达能力、创造能力、实践能力等;

(3)特长能力:如文艺、体育、书法、绘画等。

任何职业活动都需要一定的职业能力。能力不同,职业选择就会存在差异。在选择职业时,要注意使自身的能力类型与岗位要求相匹配,能力水平与职业层次相一致,充分发挥优势能力的作用,提高工作的适应性、职业的满意度和稳定性。

**3. 气质——自己适合做什么**

气质是个人生来就具有的心理活动的典型而稳定的动力特征,是人格的先天基础,具有明显的天赋性,在个性结构中具有稳定性。学术界一般将人的气质类型分为胆汁质、多血质、黏液质、抑郁质四种。

(1)胆汁质:胆汁质类型的人,兴奋而热烈。情绪兴奋性高,直爽热情,精力旺盛,情绪体验强烈而持久,但看问题线条较粗,自制力较差,神经过程不够平衡,事情开始时投入热情较高,一旦失败易转为极度沮丧。适合的职业有导游、节目主持人、推销员、演员等。

(2)多血质:多血质类型的人,敏捷而活跃。性格开朗,善于交际,外部表现明显,神经过程平衡且灵活性强,兴趣广泛,但注意力不够集中,情绪易浮躁。适合的职业有新闻工作者、外事工作者、服务人员、咨询员、公关人员等。

(3)黏液质:黏液质类型的人,安静而沉稳。情绪兴奋性较低,外部表现少,自制力强,注意力集中,稳定性强,但应变能力差,有墨守成规倾向。适合的职业有管理人员、文员、会计、播音员、外科医生、法官等。

(4)抑郁质:抑郁质类型的人,呆板而羞涩。情绪感受性高而耐受性低,反应速度慢,内倾明显,容易相处,工作认真,有自卑、优柔寡断倾向。适合的职业有学者、研究人员、保管员、化验员、排版人员等。

大学生在了解自我的基础上,可以遵循自己的气质类型及其特点进行职业生涯规划。以下三点值得注意。

(1)气质类型没有好坏之分。

(2)在现实生活中,纯粹是某一种气质类型的人很少,大多数人都是以一种气质类型为主的混合型状态,所以我们在对应职业时只能是大致方向。

(3)人的气质类型不是一成不变的。

#### 4. 价值观——自己最看重什么

任何人在选择职业时都会受到一定动机的支配,而选择职业的动机一般是由价值观决定的。职业价值观是指一个人的人生目标和人生态度在职业选择方面的具体表现,也就是一个人对职业的认识和态度以及他对职业目标的追求和向往。

人们在选择职业时,总是期盼所选择的职业能够满足自己的某种物质和精神需要。职业价值观是大学生职业人生的方向标,因此,在做职业生涯规划之前,一定要清楚和明确自己的价值观和职业价值观,顺应时代发展潮流,将“我的梦”与“中国梦”有机结合,才能规划好自己的职业生涯。

### (二)了解社会

了解社会主要是评估各种环境因素对自己职业生涯发展的影响。每一个人都处在一定的环境之中,它给每个人的职业发展提供了活动空间、发展条件和发展机遇。离开了这个环境,便无法生存与成长。

因此,在制订个人职业生涯规划时,就要分析环境条件的特点、环境的发展变化情况、自己与环境的关系、自己在这个环境中的地位、环境对自己提出的要求、环境对自己有利的条件与不利的条件等。环境因素评估主要包括以下四种分析。

(1)家庭环境分析:包括家庭经济状况、家人期望、家庭社会关系、家族文化、家人职业对个人的影响等。

(2)学校环境分析:包括学校特色、专业学习、毕业生就业情况、实践经验等。

(3)社会环境分析:包括国家政治和经济发展状况、就业创业形势、就业政策导向、竞争对手等。

(4)职业环境分析:包括行业分析,即行业发展现状及发展趋势;地域分析,即工作城市的发展前景、文化特点、气候水土、人际关系等;企业分析,即企业类型、企业文化、发展趋势、产品服务、员工素质、工作氛围等;职业分析,即职业的工作内容、工作要求、发展前景、人岗匹配情况等。

随着我国经济和社会、知识和技术的不断发展,会产生很多新的行业和职业,就业市场对人才的需求是多样化和千变万化的。在进行职业生涯规划设计时,要注意社会职业发展的趋势,增强认识的前瞻性。只有不断观察分析这些环境因素的发展变化趋势特点,才能做到在复杂的环境中趋利避害,使自己的职业生涯规划具有实际意义,对职业未来的发展潜力做出判断。

### (三)职业的选择

职业选择正确与否,直接关系到人生事业的成功与失败。据统计,在选错职业的人当中,有80%的人在事业上是失败者。正如人们所说的“女怕嫁错郎,男怕选错行”。从某种意义上讲,职业的选择本质上就是生活方式的选择。由此可见,职业选择对人生事业发展是何等重要。

理智成熟地选择正确的职业,应考虑自身性格与职业的匹配度、兴趣爱好与职业的匹配度、自身特长与职业的匹配度、内外环境与职业相适应情况。

在选择职业时,应主要遵循以下原则。

(1)符合社会需要的原则。把社会需要作为出发点和归宿,决定自己的职业岗位。

(2)发挥个人素质优势的原则。根据自身的特长和优势选择职业岗位,以利于今后在职业岗位上顺利出色地完成本职工作。

(3)主动选择的原则。主动参与职业岗位竞争,主动了解人才供求信息和相应人才要求,主动完善自己。

(4)分清主次的原则。在职业选择方面,不能样样遂人所愿,要学会权衡利弊,分清主次。

(5)着眼长远、面向未来的原则。不能只看眼前实惠、不看工作发展前景,不能只看暂时困难、不看工作未来,不能只图生活安逸,不顾事业追求等。

### (四)职业生涯路线的选择

在确定职业后,向哪一路线发展,此时要做出选择。是向行政管理路线发展,还是向专业技术路线发展;是先走技术路线,再转向行政管理路线……由于发展路线不同,对职业发展的要求也不相同。

因此,在职业生涯规划中,须做出抉择,找到属于自己的那条通天大道,以便使自己的学习、工作以及各种行动措施沿着你的职业生涯路线或预定的方向前进。

通常职业生涯路线的选择须考虑以下三个问题。

(1)自己想往哪一个方向发展?

(2)自己能往哪一个方向发展?

(3)自己可以往哪一个方向发展?

### (五)设定职业生涯目标

职业生涯目标的设定,是职业生涯规划的核心。一个人事业的成败,很大程度上取决于有无正确适当的目标。没有目标如同驶入大海的孤舟,没有方向,不知道自己走向何方。只有树立了目标,才能明确奋斗方向,犹如海洋中的灯塔,引导你避开险礁暗石,走向成功。

目标的设定,是在继职业选择、职业生涯路线选择后,对人生目标做出的抉择。其抉择是以自己的最佳才能、最优性格、最大兴趣、最有利的环境等信息为依据,以求达到"事尽其人、人尽其才、才尽其用、用当其时"的效果。

确定目标要有层次性,通常目标分短期目标、中期目标、长期目标和人生目标。短期目标一般为一至二年,短期目标又分日目标、周目标、月目标、年目标。中期目标一般为三至五年。长期目标一般为五至十年。

要注意目标要明确具体,同一时期的目标不要太多,要考虑长期目标和短期目标相结合、职业目标和家庭目标相协调,目标高度要适宜、目标幅度不宜过宽,要一切从实际出发，不可千篇一律和公式化、理想化。

### （六）制订行动计划与措施

“千里之行始于足下。”在确定了职业生涯目标后，行动便成了关键的环节。“不积跬步，无以至千里；不积小流，无以成江海。”没有达成目标的行动，目标就难以实现，也就谈不上事业的成功。

这里所指的行动，是指落实目标的具体措施，主要包括工作、训练、教育、实践等方面的措施。例如，为达成目标，在工作方面，你计划采取什么措施，提高你的工作效率？在业务素质方面，你计划学习哪些知识，掌握哪些技能，提高你的业务能力？在潜能开发方面，采取什么措施开发你的潜能等，都要有具体的计划与明确的措施。并且这些计划要特别具体，以便于定时检查。

对于在校大学生而言，首先要不断提高自己的思想道德素质，培养良好的身心素质，构建自己合理系统的知识结构，培养职业岗位所需求的专业技能和实践能力，多参加社会实践、有益的职业实习和职业训练，更多、更早地了解职业，提高心理承受能力，提高适应社会与环境的职业核心能力和职业素养。

### （七）评估与回馈

职业生涯目标的实现，既需要靠苦干、实干，又需要灵活机动。俗话说“计划赶不上变化”，影响职业生涯规划的因素很多。有些变化因素是可以预测的，而有些变化因素难以预测。在此状况下，要使职业生涯规划行之有效，就须不断地对职业生涯规划进行阶段性的评估与修订。修订的内容包括：职业的重新选择、职业生涯路线的选择、人生目标的修正、实施措施与计划的变更等。

## 四、职业生涯规划设计中的“五定”

**1. 定向**

定向就是确定职业方向和目标。要考虑两个问题：我想做什么？社会需要我做什么？解决“我想做什么”的问题，必须对自己做出明确的评价，全面地剖析自我，根据兴趣爱好、性格特点决定职业方向和目标。“社会需要我做什么”，就是全面了解社会现状，把个人愿望融入社会需求之中，只有个人愿望和社会需求一致时，才能最大限度地发挥潜能，人生才会成功。

**2. 定位**

不同时期，职业生涯内容是不同的，规划职业生涯时要多问“我能做什么”。只有全面考察自己的知识结构和能力水平，才能明确定位。过高估计自己，会导致力不从心；过低估计自己，会限制发展空间。

**3. 定点**

定点就是确定职业发展地点。有的人选择北上广深等经济发达地区，有的人选择新疆、西藏、农村等祖国最需要的地方。“人各有志”，无可非议，但应综合多方面因素，不可心血来潮、感情用事。

**4. 定时**

定时就是确定实现职业目标的计划，列出时间表。最好写下来，然后有步骤地落实。要有长期、中期和短期三种计划。个人发展规划表见表4－1，个人短期行动计划表见表4－2。

**5. 定心**

定心就是要坚定不移地向着既定目标奋斗，持之以恒，坚持不懈，反之，则事必不达。

**表4－1　个人发展规划工作表**

<table>
<tr><td>姓名</td><td colspan="2"></td><td colspan="2">目前职位</td><td></td><td colspan="2">启动日期</td><td colspan="2"></td></tr>
<tr><td>职业宣言</td><td colspan="9"></td></tr>
<tr><td rowspan="3">主要职业子目标</td><td>子目标1</td><td colspan="2"></td><td>期限：</td><td>子目标4</td><td colspan="2"></td><td colspan="2">期限：</td></tr>
<tr><td>子目标2</td><td colspan="2"></td><td>期限：</td><td>子目标5</td><td colspan="2"></td><td colspan="2">期限：</td></tr>
<tr><td>子目标3</td><td colspan="2"></td><td>期限：</td><td>子目标6</td><td colspan="2"></td><td colspan="2">期限：</td></tr>
<tr><td colspan="10">职业素质技能审查</td></tr>
<tr><td colspan="5">A　我对这项技能的掌握水平达到精通和优良；<br>B　我对这项技能的掌握水平达到正常运用水准；<br>C　我对这项技能的掌握水平还处于熟悉阶段；</td><td colspan="5">D　我对这项技能的掌握处于刚刚接触阶段，需要强化；<br>E　我对这项技能还未掌握，需要培训或教育。</td></tr>
<tr><td rowspan="2">职业素养必需技能清单</td><td colspan="4">自我评估</td><td rowspan="2">职业素养必需技能清单</td><td colspan="4">自我评估</td></tr>
<tr><td>目前</td><td>6个月</td><td>1年</td><td>3年</td><td>目前</td><td>6个月</td><td>1年</td><td>3年</td></tr>
<tr><td></td><td></td><td></td><td></td><td></td><td></td><td></td><td></td><td></td><td></td></tr>
<tr><td></td><td></td><td></td><td></td><td></td><td></td><td></td><td></td><td></td><td></td></tr>
<tr><td></td><td></td><td></td><td></td><td></td><td></td><td></td><td></td><td></td><td></td></tr>
<tr><td></td><td></td><td></td><td></td><td></td><td></td><td></td><td></td><td></td><td></td></tr>
</table>

表 4－2 个人短期行动计划表

| 行动计划：请依据未来 6 个月/9 个月/12 个月这样的周期合理安排你的行动方案。 | | | | |
|---|---|---|---|---|
| 短期发展目标 | 行动步骤 | 完成期限 | 障碍/解决方案 | 自我稽核完成情况 |
| | | ~ | | 好/一般/差 |
| | | ~ | | 好/一般/差 |
| | | ~ | | 好/一般/差 |
| | | ~ | | 好/一般/差 |
| | | ~ | | 好/一般/差 |
| | | ~ | | 好/一般/差 |
| | | ~ | | 好/一般/差 |
| | | ~ | | 好/一般/差 |

我承诺：我将严格依据我的职业生涯规划，严格执行行动计划，求实务本，完善和提高职业素质技能，认真进行自我稽核。

宣誓人： 年 月 日　　　　监督人： 年 月 日

## 第三节 职业生涯规划的常用工具

### 一、戴明环（PDCA 循环）

PDCA 循环（图 4－2）是美国质量管理专家休哈特博士首先提出的，由戴明采纳、宣传，获得普及，因此又称戴明环。它包括持续改进与不断学习的四个循环反复的步骤，即：计划（Plan）→执行（Do）→检查（Check）→处理（Action）。

在质量管理活动中，要求把各项工作按照做出计划、计划实施、检查实施效果，然后将成功的纳入标准，不成功的留待下一循环去解决。这一工作方法是质量管理的基本方法，是企业管理各项工作的一般规律，也是能使任何一项活动有效进行的一种合乎逻辑的工作程序。

**1. P——Plan：制订目标和计划**

每个人在开始一段新的职业生涯前，最重要的事情就是明白自己究竟想要什么。有保障的生活、良好的学习机会、彰显的名声、新鲜的感觉、长期经营的一份事

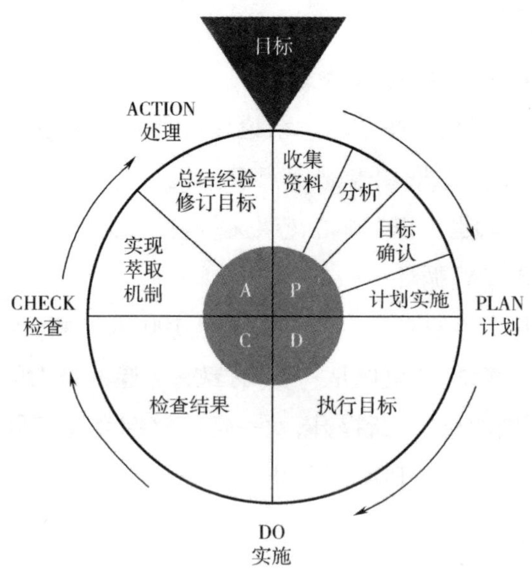


图4-2 PDCA 循环

业,还是积累财富准备日后创业。

当明白自己真正想要的目标时,就要为这个目标定下时间表,告诉自己一年之后应该做得怎样、两年以后做得怎样。如果可能的话,还可以把目标进一步划小,把时间分得更精确。这样可以让自己知道接下来该干什么。没有目标的人只能是虚度时光,到头来一事无成。

**2. D——Do:开始行动,实施计划**

这一步对于社会新鲜人来说不是问题,但却是处于事业、职业徘徊期的人最难迈出的一步。有许多人每天会产生无数的想法要改变自己的生活状态,羡慕别人的成功,不停地对自己说,“要是我在他那个位置上也会怎么样”。

“临渊羡鱼,不如退而结网。”只有规划、没有行动是永远达不到彼岸的。不惧风险、排除风险、立即行动才能使你拥有理想中的工作和生活。

**3. C——Check:对行动的结果进行检验**

每个有志于掌握自己命运的人,在工作的一个阶段过后,都应该反省一下自己今天所做到的和自己的理想还有多远。如果以其他人做参照的话,也可以了解一下自己的选择和努力是否让自己满意。俗话说:“不怕不识货,就怕货比货。”将现在的自己和过去的自己进行比较、将自己和别人进行比较、将现状和理想进行比较,虽然这好像在攀比,可能会有嫉妒、痛苦,也可能会有得意、自足,但这是走向进步不可缺少的反省。

**4. A——Action：纠正错误，调整方向**

当反省之后，就会得出一些结论。结论可能让自己满意，也可能让自己失望，但生活一直在继续，不能总期望着志得意满。机会仍然掌握在自己的手中，可以“百尺竿头，更进一步”，也可以“柳暗花明又一村”。总之要把自己获得的经验和教训，带到下一个“PDCA”循环中去。

每个人都会有几十年的职业生涯。它不是100米冲刺，也不像撑杆跳那样一飞冲天。对于普通人来说，它更像是一场马拉松，考验的是人的韧性和耐力。只要具有足够的坚持，不断改进、不断提升，就一定能够拥有属于自己的理想职业和幸福生活。所以说，生命不息，“PDCA”不止。

## 二、SWOT优劣势分析

SWOT分析方法又称态势分析法，是由美国旧金山大学管理学教授于20世纪80年代初提出来的，是一种企业战略分析方法，即根据企业自身的既定内在条件进行分析，找出企业的优势、劣势及核心竞争力之所在。其中，S(strength)代表优势，W(weakness)代表弱势，O(opportunity)代表机会，T(threat)代表威胁，其中，S、W是内部因素，O、T是外部因素。

按照企业竞争战略的完整概念，战略应是一个企业“能够做的”(即组织的强项和弱项)和“可能做的”(即环境的机会和威胁)之间的有机组合。现在，SWOT分析已广泛应用在许多领域，如学校的自我分析、个人能力的自我分析等方面。

**1. 优势分析**

分析优势的目的在于发现自己与其他人之间的差异。在自己和他人眼中，自己与众不同之处是什么。考虑自己的优势时，切忌仅限于工作技能，要全面考虑自己累积的经验和绵连的发展机会，这些包含教育背景、智力、个性、情商、兴趣等。

请回答如下问题，逐步完成自己的优势分析。

(1)自己擅长哪些事情，哪些是真正擅长？

(2)自己被他人认可的技能是什么？别人经常赞誉我的是什么能力？

(3)自己比圈子里(职场、社交)的大多数人哪些做得更好？

(4)自己被领导和同事嘉奖的原因是什么？这些嘉奖背后起主导因素的是什么？

(5)自己最引以为豪的是什么？自己最认可自己的是什么？

(6)自己比其他人有哪些独有的经验、资源、人际关系资源?

在回答这些问题的时候,不要忘记同龄人、朋友、家庭成员、同事对你这些优势的看法。人们常常忽视自我,低估自己的优势。通过别人对自己的正面评价,有利于真正透彻了解他人的看法,以便建立自尊。

**2. 劣势分析**

列出自己的各项劣势,不断减少,持续控制,总有一天会将劣势减少到最少,原有的劣势就不再成为实现目标的障碍了。

进行劣势分析时,不要被自己的劣势打垮。因为人无完人,每个人都有缺陷,关键是认清劣势,并适当进行自我管理和提升。另外,也不要过分自我批评。对待他人的劣势要宽容和理性,对待自己的劣势同样要宽容和理性。

请回答如下问题,逐步完成自己的劣势分析。

(1)自己一直在努力改变,但效果不大的是什么?

(2)距离满足现在的工作要求,我还需要提高哪些?

(3)我的个性,有哪几个在阻碍自己的发展?

(4)圈子(职场、社交)里的人认为我欠缺的是什么?

(5)自己的最大弱点是什么?

(6)和圈子里的人相比,自己缺乏什么经验、资源、人际关系资源?

与优势分析不同的是,切忌强迫自己填写所想到的每个劣势点,应限于自己对职业满意度产生负面影响的各项劣势。

**3. 机会分析**

优势分析和劣势分析,侧重对个人内在因素进行分析。而机会和威胁分析则是要求人们将审视的重心放到外部因素。其中,机会是指确定和找到可以依赖的各种因素,或利用能够提高成功率的因素。

请回答如下问题,逐步完成可以依赖的机会分析。

(1)什么样的方式最能发挥自己的优势?

(2)你圈子里的人,能够提供什么样的机会?

(3)你看到的成功人士,有哪些机会你也具备?

(4)对你擅长的事情,你想去做点什么?

(5)如何使劣势最小化?怎么做才能将劣势不成为障碍?

(6)自己最有发展潜力的地方是什么?在什么样的公司?什么样的行业?什

么样的职业?

(7)什么趋势对自己的职业或者自己未来的职业有正面的影响?

**4. 威胁分析**

要分析可能使自己脱离成功轨道的因素。尽管人们不能直接控制威胁,但如果能够对其采取预防规划,那将是对减少影响最终目标实现的负面因素,有重要的作用。

对威胁了解越多,就对未来越有把控能力,未雨绸缪是对威胁因素最好的说明,“人无远虑,必有近忧”,同样也是反映这样的道理。关注威胁因素的变化趋势,也对未来的目标进行一个相应的调整。

请回答如下问题,逐步完成自己面临的威胁分析。

(1)你现在启动你的目标面临的困境是什么?

(2)不解决这些困境,会造成什么问题?

(3)你现在要提升自己,有哪些实际障碍?

(4)不解决这些障碍,可能造成什么后果?

(5)看看圈子里的人,他们在往目标努力过程中克服了哪些困难?

综合以上对优势、劣势、机会、威胁的分析,完成个人 SWOT 分析表(表 4 – 3)。

**表 4 – 3　个人 SWOT 分析表**

| 优势 | 劣势 |
| --- | --- |
| | |
| | |
| | |
| | |
| | |
| | |
| 机会 | 威胁 |
| | |
| | |
| | |
| | |
| | |
| | |

## 三、SMART 原则

SMART 原则是由管理学大师彼得·德鲁克提出的。在这里主要是将它应用在目标管理上，目标管理是使工作变被动为主动的很好的措施。

这里，SMART 原则是指：S 代表具体（Specific），指绩效考核要切中特定的工作指标，不能笼统；M 代表可度量（Measurable），指绩效指标是数量化或者行为化的，验证这些绩效指标的数据或者信息是可以获得的；A 代表可实现（Attainable），指绩效指标在付出努力的情况下可以实现，避免设立过高或过低的目标；R 代表现实性（Realistic），指绩效指标是实实在在的，可以证明和观察，绩效指标是与本职工作相关联的；T 代表有时限（Time bound），注重完成绩效指标的特定期限。

## 四、5W1H 分析法

5W1H 分析法也叫六何分析法，是一种思考方法，也可以说是一种创造技法。是对选定的项目、工序或操作，都要从原因（何因，why）、对象（何事，what）、地点（何地，where）、时间（何时，when）、人员（何人，who）、方法（何法，how）六个方面提出问题进行思考。这种看似很简单、很天真的问话和思考办法，可使思考的内容深化、科学化。

**1. 我是谁（who）**

"我是谁""我的职业兴趣是什么""我具备什么特质与能力""我喜欢什么""我的特长是什么""我的家庭如何"等。对这些因素考虑之后，你的职业抉择会明确很多。

**2. 我选择什么职业（what）**

职业抉择时，还需要问自己"我有哪些职业选择""我的问题有哪些""我每个决定的可能影响是什么"等。

**3. 需要多长时间？（when）**

时间也是职业抉择时需要考虑的因素。"我职业目标的实现需要多久时间""我思考的时间需要多长""我的计划容许我搜集的时间有多久"等。

**4. 我在哪里就业（where）**

空间的因素同样是职业抉择要考虑的因素。"在我的职业目标中，我向往什么样的工作环境和生活环境""居住地点与工作场所的距离远近如何"等。

**5. 我为什么要选择它？（why）**

探讨自己选择某种职业的原因、理由，思考"我为什么选择 A 而不是选择 B"

“我职业困境的原因有哪些”等。

**6. 我如何完成我的选择或者目标(how)**

确定了职业选择,接下来要考虑的就是“如何完成目标”“如何找到合适的工作”“如何安排时间”等。

## 五、PEST 分析法

如果说,SWOT 分析能帮人们找到影响成功的个人内在因素和外在因素,那么 PEST 分析则从宏观维度挖掘对职业成功推动或阻碍职业成功的外部因素。

在 PEST 中,P 代表政治因素(Political System),E 代表经济因素(Economic),S 代表社会文化因素(Social),T 代表技术因素(Technological)。通过 PEST 分析,将能够选择一个令人兴奋,并且符合未来发展趋势的一种职业,避免陷入一个夕阳行业。

**1. P——政治因素**

就政治因素而言,考虑政府及其政策可能对应关注的机会产生的如下影响。

(1)哪些新颁布的法律法规可能对机会产生影响?

(2)新颁布的法律法规会影响自己在某个领域工作的能力,赚取一定金额薪酬的能力或合理的保障能力吗?

(3)预计政府或政策会发生变更吗?

(4)所发生的变更或事件代表哪些机会和威胁?

**2. E——经济因素**

就经济因素而言,应关注的因素包括对实现部分目标的决策可能产生的影响的货币因素。

(1)我所感兴趣的职业或行为的平均薪酬水平如何?

(2)预计薪酬上涨、下调还是保持不变?

(3)在这个目标行业中,当前和预测的失业率分别是多少?

(4)这些职业的从业人员长远需求是什么?

(5)我期望的薪酬能够满足我的经济需求吗?

(6)这些变更或情形代表哪些机会和威胁?

**3. S——社会文化因素**

社会文化因素是指影响某个机会吸引力情况的社会趋势。应考虑的因素包括以下几点。

(1)人口趋势会对这些职业产生什么影响?

(2)预计教育需求会有何种变化?

(3)存在影响这种职业满意度的生活方式和变化吗?

(4)做职业决策时必须考虑家庭的期望吗? 家庭的期望会如何影响自己的成功能力?

(5)这些情况代表哪些机会和威胁?

**4. T——技术因素**

技术因素是影响职业决策的技术变化的因素,技术的发展迅速而深远,不要因对技术变革的潜在影响考虑不周,而导致目标行业面临巨大风险。可以从以下几个方面来考虑。

(1)需要考虑哪些影响目标职业的技术趋势?

(2)未来几年,职业的某些方面会被技术所取代吗?

(3)会出现哪些新兴技术,如何获得相关经验?

(4)技术会如何影响我们的工作类型以及完成工作的方式?

(5)这些变化代表哪些机会和威胁?

综合考虑上述因素,绘制个人 PEST 分析表(表 4 - 4)。

**表 4 - 4　个人 PEST 分析表**

| 政治因素 | | 经济因素 | |
|---|---|---|---|
| | | | |
| | | | |
| | | | |
| 机会 | 威胁 | 机会 | 威胁 |
| | | | |
| | | | |
| 社会文化因素 | | 技术因素 | |
| | | | |
| | | | |
| | | | |
| 机会 | 威胁 | 机会 | 威胁 |
| | | | |
| | | | |

## 六、MBTI 职业性格测试

MBTI 是目前国际上应用较广的职业人格评估工具。MBTI 人格理论的基础是著名心理学家卡尔·荣格先生关于心理类型的划分,后经一对母女 Katharine Cook Briggs 与 Isabel Briggs Myers 研究并加以发展。

这个工具广泛地应用于职业发展、职业咨询、团队建设、婚姻教育等方面。夫妻利用它增进融洽,老师学生利用它提高学习、授课效率,青年人利用它选择职业,组织利用它改善人际关系、团队沟通、组织建设、组织诊断等多个方面。在世界五百强企业中,有 80% 的企业有 MBTI 的应用经验。

MBTI 人格共有四个维度,每个维度有两个方向,共计八个方面,分别是:外向(E)和内向(I)、感觉(S)和直觉(N)、思考(T)和情感(F)、判断(J)和知觉(P)。

每个人的性格都落足于四种维度中每一种维度中点的这一边或那一边,我们把每种维度的两端称做“偏好”。例如,如果落在外向的那一边,那么就可以说具有外向的偏好;如果落在内向的那一边,那么就可以说具有内向的偏好。在现实生活中,每个维度的两个方面都会用到,只是其中一个方面用得更频繁、更舒适,就好像每个人都会用到左手和右手,习惯用左手的就是左撇子,习惯用右手的就是右撇子。每个人的人格类型就是用得最频繁、最熟练的那种。

一个人的 MBTI 人格类型是由遗传、成长环境决定的,大约 25 岁以后,人格类型一般很难改变,只是性格偏好的程度会随着年龄的增长有所变化。使用 MBTI 进行职业生涯开发的关键在于如何将个人的人格特点与职业特点进行结合,不仅可以提供适合的岗位、工作环境等方面的参考,还可以根据个人的情况提出系统的发展建议。

# 第五章　学业规划

时间就是生命、就是资源，浪费时间就是浪费生命、浪费资源。“记得少时骑竹马，看看又是白头翁。”美好的大学时光弹指一挥间，要在人生有限的时间里有所作为、有所成就，就必须树立强烈的人生规划意识，做好时间管理、目标管理，外塑形象，内强素质，实现自我发展。

## 第一节　了解学业规划

### 一、大学生学业规划的含义

大学生学业规划是近年来才提出的一个全新理念，是一种新型的人才成长观念，是具有战略意义的全新观念。它根源于职业生涯规划的概念与理论，是职业生涯规划在大学阶段的阶段性体现。

**1. 职业生涯的阶段划分**

根据职业生涯理论，将职业生涯发展一般划分为四个阶段，即：职业准备和选择阶段、职业生涯早期、职业生涯中期、职业生涯后期。由于每个阶段处在不同的职业状况，因而各阶段面临不同的职业发展任务。大学时期正处在职业准备和选择阶段，根据这个阶段的主要特点和任务，理论界便提出了大学生学业规划的概念。

**2. 大学生学业规划的含义**

大学生学业规划就是指大学生通过对自身特点（性格特点、能力特点）和社会未来需要的深入分析和正确认识，确定自己的事业（职业）目标，进而确定学业发展方向，然后结合自己的实际情况（经济条件、工作生活现状、家庭情况等）制订大学学习的总体目标和阶段性目标以及实现目标的步骤和实施方法。换言之，就是大学生通过解决学什么、怎么学、什么时候学、在哪里学等问题,以确保自身顺利完成学业,为成功实现就业或开辟事业打好基础。

## 二、推行大学生学业规划的意义

美国哈佛大学有一项关于目标对人生影响的跟踪调查,该项调查的对象是一群智力、学历、环境等条件都差不多的年轻人。25 年的跟踪调查发现:

27% 的人没有目标,几乎都生活在社会最底层,都过得很不如意,经常失业,靠社会救济,并且经常抱怨他人、抱怨社会;

60% 的人目标模糊,几乎都生活在社会的中下层面,他们能安稳地生活与工作,但都没有什么特别成绩;

10% 的人有比较清晰的短期目标,大都生活在社会中上层,生活质量稳步上升,他们成为各行各业不可缺少的专业人士;

3% 的人有十分清晰的长期目标,他们几乎都成了社会各界顶尖成功人士,不乏白手创业者、行业领袖、社会精英。

可见,目标对人生有巨大的导向性作用。你选择什么样的目标,就会有什么样的成就,就会有什么样的人生。每个人内心深处都有一种成功发展的渴望。如果你能发掘它,便能找到成功的方向,找到一种支持你不懈努力的持久力量。

反之,正如西方的那句谚语所说,“如果你不知道你要到哪儿去,那通常你哪儿也去不了”。没有经过策划的学业与职业发展将是盲目的,没有经过规划设计的人生将是打折的人生。由此,尽早地指导大学生进行科学的学业规划意义重大。

**1. 明确学习目标,增强学习动力**

制订有效的学业规划能够引导同学们树立明确的学业发展目标,增强学习动力,明确学习方向,增强自身发展的内在动力,重视现在,把握当下,充分利用大学这个全新的学习平台,利用丰富的学习资源,不断增强提升自身综合素质。

**2. 学会主动学习,提高学习能力**

有效的学业规划能够通过分析自身个性特质、兴趣、潜能,引导同学们从大一就开始认清自己的学习发展方向,由“要我学”变为“我要学”,由被动变为主动,学会主动学习理论专业知识,掌握专业技能,学会自我管理,培养独立自主意识和职业意识,为自己的未来发展蓄电加油。

**3. 增强综合素质,提高各种能力**

有效的学业规划是同学们努力的依据,也是对同学们的有效鞭策,能够引导同学们积极参加各项教育教学活动，挖掘潜能，全面发展，增强核心竞争力，促进成长成才。随着每一个具体目标的实现，不断增强自身的成就感、自信心，提高竞争力和创新能力，达到自我完善。

**4. 明确人生目标，端正人生态度**

有效的学业规划有助于同学们不断了解自己，做好自我定位，尽早明确人生目标，使自己的职业理想更具有可操作性，为将来进入社会提供明确方向，努力把自己培养成身心健康、全面发展的高素质技术技能型人才，自觉履行社会责任。

## 三、学业规划与职业规划的区别

学业规划与职业规划同属于个人发展规划。

学业规划主要是指规划主体为了高效地获得职业或事业平台而对学业所进行的筹划和安排，目的就是迅速有效率地获得适合于自身发展的职业或事业平台，强调所学与所长、所爱的统一，以最大限度地提高自身的职业竞争能力，为顺利就业奠定基础。

职业规划是指在获得职业或事业平台的基础上，对自己职业或事业发展路线的筹划与安排，是以最有效率的方式实现自身人才价值最大化的个人发展规划。

学业规划目的是在实现人才性价比最大化的前提下完成就业，而“职业规划”的目的则是为了最大限度地实现自身的人才价值。可以看出，学业规划是职业规划的基础，职业规划是学业规划的升华。

如果从个人经营角度来看，学业规划为个人的人才经营战略规划，而职业规划只是销售策略，因此学业规划对人生的发展更具有全局性和长远性的战略意义。

## 四、树立正确的学业观

学业主要包括两层含义：一是学问、学术，二是学习的课业。大家通常所说“学业有成”“荒废学业”一般指的是学习的课业。

对大学生而言，学业是一个系统的概念，是指高等教育阶段进行以学习为主的一切活动，具体来说是指去学习做人、做事、做学问。细化到个人就是要系统地学习知识，掌握专业技能，培养职业精神，学会做人的道理和做事的方法，提升综合素质。

所谓学业观，就是一个人对所学课业的态度和认识，具体指一个人对所学专业、所学技能、做人做事方法和态度的认识，它在很大程度上影响着大学生们的学习、生活、职业发展乃至人生前景。

对此,同学们应正确处理以下四种关系。

**1. 正确处理学业与专业的关系**

热爱自己的学业,就要努力自觉培养自己的专业兴趣,把自己的爱好和国家的需要及社会发展的要求有机地统一起来,掌握专业知识、专业技能和相关能力,培养自己的专业素质。

**2. 正确处理学业与职业的关系**

热爱自己的学业,就应自觉地学好职业知识,培养职业技能,锻炼职业能力,获取职业资格证书,以期在将来职场竞争中立于不败之地。

**3. 正确处理学业与就业的关系**

热爱自己的学业,就要和将来的就业联系起来,自觉做好学业目标定位、学习方式改变、学习外延拓展,树立正确就业观,养成良好的学习生活习惯,注重优秀职业素养养成,你就一定会为顺利就业、高质量就业奠定坚实基础。

**4. 正确处理学业与事业的关系**

热爱自己的学业,也要和自己未来的事业联系起来。事业本是人生的一大支柱,在学习过程中,以事业的眼光和态度充分认识所学专业在国家建设和社会发展中的意义、作用和发展前景,事业的荣誉感和使命感就会将你学业中的一切不如意一扫而空,保持良好的精神状态和不竭的动力,学好学业,以便在未来工作中充分实现自己的人生价值。

## 五、全面发展,追求卓越

王国维在《人间词话》中讲到,古今之成大事业、大学问者,必经三种之境界:“昨夜西风凋碧树。独上高楼,望尽天涯路。”此第一境也;“衣带渐宽终不悔,为伊消得人憔悴。”此第二境也;“众里寻他千百度,蓦然回首,那人却在灯火阑珊处。”此第三境也。三种境界依次升华,道出人生发展的历程阶段。

机遇总是偏爱那些有准备的头脑。同学们想要成人、成才、成功,想要有所作为,必须及早树立人生理想,确定学业目标,把大学学习同今后的发展紧密联系起来,珍惜大学时光抓好学业,建立合理的知识结构,培养科学的思维方式,锻炼较强的实践能力,不断提高自己的综合素质。

**1. 构建合理的知识结构**

合理的知识结构是担任现代社会职业岗位的必要条件和人才成长的基础,广博的知识视野是人才适应社会职业岗位、应变职业环境的文化基础。现代社会职业岗位所需要的不仅仅是知识结构合理,而是要求适时拓展自己的知识视野达到终身教育终身学习的境界。只有这样,才能根据当今社会发展和职业的具体要求发展自己、完善自己,拓展所学到的知识,有所创造,适应新情况,解决新问题。

这一过程没有捷径可走,也绝非一劳永逸,只能是持续不断地学习和积累。因此,大学生在校期间应打下宽厚、扎实、系统、严谨的知识基础及专业技能功底,养成良好的学习方法,才能适应工作性质的变动及职业结构调整的变化。

**2. 锻炼较强的实践能力**

知识的积累并不等同于能力积累,将知识升为能力须作出巨大的努力,在完成学习任务前提下,应积极主动培养社会所需要的实际应用能力。在一定意义上说,能力比知识更重要。因此,一名优秀的大学毕业生应把建构合理的知识结构、培养科学的思维方式和锻炼较强的实践能力统一起来,这样才能在择业、从业过程中立于不败之地。

大学生应具备的基本能力包括:表达能力、动手能力、适应能力、交际能力、管理能力、创新能力、决策能力等。培养实践能力的方法和途径主要有:勤奋学习、积累知识,积极参与、勇于实践,启迪思维、发展兴趣等。

**3. 全面提高综合素质**

知识、能力、素质是大学生社会化的三大要素。知识是素质形成和提高的基础,能力是素质的一种外在表现,没有相应的知识武装和能力展示,不可能内化和升华为更高的心理品格。但是知识和能力往往只解决如何做事,而提高素质可以解决如何做人。高素质的人才应该将做事与做人有机地结合,既把养成健全的人格放在第一位,又注重专门知识、技能和能力的培养,使自身得到全面、和谐的发展。

综合素质主要包括思想道德素质、专业素质、文化素质、身心素质等四个方面。四者相辅相成、不可分割,其中思想道德素质是综合素质的灵魂和根本,文化素质、专业素质和身心素质是基础。

## 第二节 做好大学生学业规划

### 一、学业规划选定

首先,分析自己的兴趣爱好,确定自己想干什么。

古今中外,因兴趣之花而点燃成功之火的事例不胜枚举。兴趣是理想产生的基础,兴趣与成功概率有着明显的正相关性。兴趣可以造就伟人,兴趣可以使人为自己所钟爱的事业奋斗终生。但目前有很多大学生对自己的兴趣模糊,甚至没有。所以一定认定自己的兴趣爱好是什么。择己所爱,选择自己喜欢的专业方向和研究领域进行奋斗和学习。

其次,分析自己的能力、特长,确定自己能干什么。

能力是人的综合素质在现实行动中的表现,是正确驾驭某种活动的实际本领、能量和熟练水平。能力是实现人的价值的一种有效方式,也是左右与支配人生命运的一种主导性的积极力量。因为任何职业都要求从业者掌握一定的技能,具备一定的条件,所以结合自己的兴趣爱好,在认定自己想干什么的基础上确定已经具备的能力和应该培养的能力。

最后,分析未来,确定社会要求干什么。

着眼将来、预测趋势,立足于社会不断发展变化的需求。避免盲目跟风,因为最热门的并非是最好的。选择社会需要又最适合发挥自身优势的专业方向和研究领域才是最好的。把自己的兴趣爱好、能力特长、社会需要结合起来,把想干什么、能干什么、社会要求干什么有机地结合起来。几方面的结合点和链接处正是大学生学业规划的关键所在。

## 二、学业规划测试

一个科学的大学生学业规划应按照如下标准制订。

(1)本人乐意全身心投入。

(2)本人能够想象达成目标的情形。

(3)学业规划不违法乱纪、不违背道德,对其他相关者公平,不损人利己。

(4)它与长远规划及其他相关的阶段性目标没有矛盾和冲突。

## 三、强化学业规划

当学业规划选定以后,很多大学生或者拖延不动或者立即行动,结果导致很多大学生有了学业规划却不能实施或实施后不能持久,最终无法实现既定的学业。这些现象的出现是因为大学生在制订学业规划时缺少了一个重要环节:对学业规划的强化。

强化学业规划就是学业规划的执行者在执行之前充分运用想象，详细地罗列出达成学业规划的好处，从而培养出积极的心态，进而增强动力、产生更大的执行力，确保学业规划顺利完成。

## 四、学业规划分解

学业总目标制订出以后，就要自上而下分解，制订学习计划。可以按照以下的思路进行：三年或四年总学习目标→每年学习目标→每学期学习目标→每月学习目标→每周学习目标→每天学习目标，最终使得学业规划落实到学习生活的每一天，确保学业严格执行。

## 五、学业规划评估

在实施的过程中，及时地对环境和条件做出评价和估计，对自己的执行情况做出评估。由于现实生活中种种不确定因素的存在，要求学业规划的设计具有一定的弹性，以便于自己及时反省和修正学业目标，变更实施措施与计划。做到定期评估：每年、每学期、每月、每日进行检查评估，进而分析原因与障碍，找出改进的方法与措施。

## 六、激励与惩罚

激励措施能将人的潜能和积极性激发出来，惩罚可以防止惰性的产生。一定要制订出完成阶段目标后对自己的奖励和惩罚措施：完成后怎样奖励自己，完不成将怎样惩罚自己。

对于在校的大学生来说，及早设计自己的学业规划，明确自己的学业目标，在充分了解自身学什么、怎么学、什么时候学等问题的基础上提高素质优势，才有可能在将来激烈的竞争中把握住机会获得成功，实现自我，成就自我。因此大学生学业规划在他们的人生道路上具有非常重要的意义。

# 自我管理篇

# 第六章　自我管理

纵观古今中外，凡成大事者无不通过严格的自我管理才取得巨大的成功。当然，成功也并不是天才或者领袖的专利，只要运用正确的理念和方法，清醒地认识自己，有效地管理自己，不断地提升自己，每一个人都可以获得成功。

## 第一节　成功始于自我管理

### 一、管理的基本概念

管理是人类各种组织活动中最普遍和最重要的一种活动，始于人类群体生活的共同劳动，至今已有上万年的历史。近百年来，人们把研究管理活动所形成的管理基本原理和方法，统称为管理学。作为一种理论体系，管理学是管理思想、管理原理、管理技能和方法的综合。

所谓管理，是指在特定的环境条件下，以人为中心通过计划、组织、指挥、协调、控制以及创新等手段，对组织所拥有的人力、财力、物力、信息等资源进行有效的决策、计划、组织、领导、控制，以期高效地达到组织目标的过程。

从上述定义中，可以看出管理具有五项职能。

(1)决策与计划：制订目标及目标实施途径，即“做什么”和“怎么做”

(2)组织：实现资源和活动的最佳配置，即“通过什么来做?”

(3)领导：激励组织成员完成组织目标，即“如何做得更好?”

(4)控制：衡量实际工作，矫正偏差，即“到底做得怎么样?”

(5)创新：创造新的运行方式，使组织运行更有效率，即“与前面相比，有哪些改进和变革之处?”

管理的目的就是提高效率和效益。管理的核心是人。管理的本质是协调，协调的中心是人。管理的真谛是聚合优化各类资源,充分运用管理的职能,以最优的投入获得最佳的回报,实现组织的既定目标。

## 二、自我管理的基本概念

自我管理是指处在一定社会关系中的人,为实现个人目标有效地调动自身能动性,规划和控制自己的行动,训练和发展自己的思维,完善和调节自己心理活动的自我认识、自我评价、自我开发、自我教育和自我控制的完整活动的过程。

从上述的定义中,可以看出,自我管理具有三个最基本的特征。

首先,从管理主体看,自己就是自我认知的主体,自己是自己的管理者。

其次,从管理对象看,自我管理以自己作为认识和管理的对象。具体说,就是以自我所拥有的内在资源如思想观念、时间、情绪、行为、身体、信息等为管理对象。

最后,从管理工具看,自我管理以自身素质,尤其以自我认知(意识、思维、创造力等)和自我情绪、情感和自我意志等学识和心理品质等为工具去管理自我。

自我管理属于管理学的范畴,也要遵循管理学的一般法则,即:必须以目标为导向、以计划、组织、控制为基本职能、以实现目标效益的最大化。

## 三、成功始于自我管理

李嘉诚曾说:“一个好的管理人员在需要懂得管理人之外,更要懂得自我管理。”每个人在这个世界上都是管理者,至少是自己的管理者,可是自我管理是一项重要而又最难做到的管理。现代戏剧之父的易卜生曾经告诫后人:“你的最大责任就是把你这块材料铸造成器。”可见,每个人想要把自己造就成一个成功的人,就需要卓有成效的自我管理。

自我管理是每一个人对自己生命运动和实践的一种自我调节。通过自我认知、自我组织、自我激励、自我监督、自我评价、自我锻炼和自我反省,从而达到自我实现、自我发展和自我超越,最大限度地激发和挖掘自身的潜能,实现自身最大社会价值和人生目标。

自知,是自我管理的开始;自觉,是自我管理的基础;行动,是自我管理的关键;责任,是自我管理的保证。

要做好高效的自我管理,就需要自己不断地打磨自己,越能挑战陈旧的自我,就越能活出精彩的“新我”。“古之立大事者,不惟有超世之才,亦必有坚韧不拔之志。”最有发展的人，无一例外都是最能进行自我挑战的人。只有真切地逼自己一把，对自己狠一把，你才能知道自己有多优秀。

要提升自我管理能力，我们可以遵循下面的原则或“秘诀”：

分析自己要实事求是，分析环境要客观公正；

制订目标要长短结合，实现目标要从今抓起；

树立信心要乐观积极，面对挫折要勇于克服；

实现目标要持之以恒，自我管理要坚持不懈。

健康快乐是成功基础，良好心态是成功前提；

优秀习惯要持续养成，自我激励要铭记心中；

勤奋学习是事业需求，勇于创新是进步保证。

头脑清醒保方向正确，善于思考保少走弯路；

时间只是一条单行线，加强管理才会出效益；

自我反省助继续进步，拼搏进取方超越自我。

## 四、神奇的“21 天”法则

世界著名心理学家威廉·詹姆士有句名言：“播下一个行动，收获一种习惯；播下一种习惯，收获一种性格；播下一种性格，收获一种命运。”

从这句满含哲理、富有逻辑递进关系的话中，我们可以充分领会优秀习惯的养成是多么重要，它关乎一个人未来的发展。

科学研究表明：一个人养成一个好习惯，需要坚持三周的时间，也就是 21 天的时间。这一过程可以分为三个阶段。

第一阶段：第 1 ~7 天，这是人们充满斗志、勇敢开始的时期。每一个人都认为自己能够坚持下去，能够保持这个好习惯。

第二阶段：第 8 ~ 14 天，这是人们斗志开始模糊的时期。人们开始觉得有些累，觉得有点难。马云所说：“今天很残酷，明天更残酷，后天会很美好，但绝大多数人都死在明天晚上。”如果有放弃的机会，许多人都会选择放弃；如果能给自己积极的心理暗示，熬过了今天，就是最好的自己。

第三阶段：第 15 ~21 天，如果熬过了第二阶段，就会进入习惯巩固时期。到了这个阶段，人们已经开始逐渐尝到好习惯的甜头，好习惯已经进入自己的潜意识中，也就容易坚持下去了。如果继续坚持 90 天以上的重复，就会形成稳定的习惯。

俗语说得好,“冰冻三尺,非一日之寒”,“水滴石穿,非一日之功”。养成一个好习惯,也是如此。或许一两天的努力达不到什么效果,但长久坚持下去,同每一个妥协的念头作斗争,坚决克服拖延症,就会养成我们终身受益的好习惯,真正做一个勤勉高效的人。

正所谓:心变则态度变,态度变则行为变,行为变则人生变。

## 第二节　大学生需要自我管理

苏霍姆林斯基有一个著名的论断:“真正的教育是自我教育,是实现自我管理的前提和基础;自我管理则是高水平的自我教育的成就和标志。”大学生是当代青年的特殊群体,是建设有中国特色的社会主义伟大事业的接班人,肩负着承前启后、继往开来的历史重任。进入大学校门的莘莘学子从未成年变为成年,但心理还不成熟,因此,增强大学生自我管理能力,激活其自我管理意识尤为重要。

人生就是自我不断实现的过程,要经历“自我意识——自我设计——自我管理——自我实现”这样一个过程。如果说,自我意识是觉醒,自我设计是立志,那么自我管理就是工作,自我实现就是梦想与目标。

### 一、什么是大学生自我管理

基于前面的分析,大学生自我管理就是指大学生为了实现高等教育的培养目标以及满足社会日益发展对个人素质的要求,充分调动自身的主观能动性,卓有成效地利用和整合自我资源(如价值观、时间、心理、身体、行为和信息等),开展的自我认知、自我计划、自我组织、自我控制和自我监督的一系列自我学习、自我教育和自我发展的活动。

在大学生自我管理实践中,个人学习生活目标是自我管理的核心;高校教育目标和社会日益发展对个人素质的要求是个人学习生活目标赖以确定并实施自我管理的基础和依据;个人的有效自我管理行为则是大学生自我管理、自我发展的具体实践,是个人学习生活目标得以实现的根本途径和保证。

大学生自我管理主要包括:目标管理、时间管理、情绪管理、学习管理、人际关系管理、健康管理、压力管理、形象管理、欲望管理、安全管理等方面。大学生实施自我管理的目的就是为了有效地协调学习生活的各个要素，充分利用大学所提供的多种多样的实践条件，最大限度地激发潜能，提高综合素质，以适应未来社会发展的需求。

## 二、大学生实施自我管理的意义

### 1. 大学生自我管理是适应大学环境的需要

学生步入大学校园以后，生活环境、学习方式以及人际关系都发生了很大变化，开始脱离父母独立处理学习生活中遇到的各种问题和困难，由于心理年龄的缓慢增长无法适应环境的突然改变，常常觉得迷茫和无所适从。在这种情境下，大学生如何更好地约束管理自己，如何更有效地利用时间实现学习目标，就成为大学新生首先需要学习和掌握的能力。

### 2. 大学生自我管理是创造自我价值的有效手段

通过实施大学生自我管理，可以将大学生内在的资源（如价值观、时间、心理、身体、行为、信息等）进行有效的分配和整合，培养民主意识，提高自我教育、自我管理、自求发展的能力，充分开发个人潜能，学会如何做人、如何做事，实现自身的全面发展，创造更高的自我价值，自身价值越高，其可能创造的社会价值就越大，为顺利就业、高质量就业、更好更快融入社会奠定基础。

### 3. 实施大学生自我管理是改革学生管理工作的重要途径

现代管理的理念十分重视“以人为本”。著名教育家叶圣陶说过“教育的目的是为了达到不教育”，贯彻人本管理思想是现代高等教育管理的应有之义。

随着社会的不断进步，高校的学生管理也要由指令式管理向学生自我管理转变，建立起以大学生个人自我管理为核心、以学生社团组织自我管理为重点、以学校制度管理为基础的有机结合的三位一体化模式。

只有不断培养大学生自我管理的能力，充分发挥大学生的主观能动性，引导激发自身潜能，最终才能促进学生个体和谐、自由的发展，真正达到教育的目的。

### 4. 大学生实施自我管理是知识经济的呼唤

21 世纪是知识经济的时代。自我管理能力是知识经济时代人才必须具备的核心竞争能力。社会对将作为知识劳动者的大学生们的自我管理能力要求已日益提高。全面培养并尽快提升当代大学生的自我管理能力，是他们日后征战职场、成就事业、走向成功、为社会作出贡献的必经路径，对其一生的发展都具有举足轻重的决定性作用。

## 三、大学生自我管理的步骤

大学生自我管理与其他管理活动一样，是由一系列的活动过程构成的，主要包括自我认知、自我计划、自我组织、自我控制和自我监督、自我评价等活动过程。每一个具体目标的完成或者某一种品德或者优秀习惯的养成都需要经过上述六个环节，并需要经过若干次的循环和反复训练才能实现。

在大学期间，自我管理能力无疑是最重要的基本能力之一。缺失自我管理能力则会导致一系列问题，例如上课出勤率低、自我约束力差、缺乏时间观念、不会合理利用安排时间、学习盲目性大、缺少人生规划、不能有效控制自己的行为与情绪等。这些弊端将直接导致大学生学习与生活的失败。因此，提高自我管理能力是每个大学生的必修课。

根据管理职能的划分原则，可以将自我管理划分为以下步骤。

**1. 自我认知**

这是自我管理的第一步，就是对自己的整体素质进行客观分析。没有科学的自我分析，就没有科学的自我管理。可以采用SWOT分析法进行自我分析，找出自己的优势、劣势、面对的机遇和挑战。

**2. 确定改进目标**

这是自我管理的第二步。通过对照个人知识、素质和能力与人才培养目标的要求，找出个人不足之处，并确定改进计划和阶段目标，结合个人基础和外部环境条件，分阶段实施，逐步实现目标。

**3. 助力和阻力分析**

这是自我管理的第三步，就是对确定的各项目标的实现存在的助力和阻力进行具体分析，一定要尽量做到深入系统的主客观条件分析。这是制订具体改进措施的前提步骤。

**4. 制订措施**

这是自我管理的第四步，就是制订实现改进目标的具体措施。主要围绕自己确定的改进目标以及学业目标要求提出具体的对策。

**5. 自我控制**

这是自我管理的第五步，就是具体行动过程中的自我控制。自我控制是实现改进目标以至于最终达成自我管理目标的基本保证。为顺利实施自我控制,需要做好两方面的工作。

(1)把握自己的心理,做自己内心世界的主宰者。要有强烈的自信心、好胜心、责任心、恒心和耐心;要心胸开阔,具有良好的心态,用平常心去做不平常的事,胜不骄,败不馁,笑看云卷云舒;要严于律己,宽以待人;要坚信:乌云是遮不住太阳的,太阳每天都是新的。

(2)做好行为控制,做自己行为的主人。"管理的关键在于行,而不是知。"学会运筹时间,守护好生命中的"大石头";要坚持养成良好的学习、生活习惯,尤其是克服懒惰、拖延的坏毛病;要敢对不良诱惑说"不";要变"要我学"为"我要学";学做行动的巨人,"空谈误国、实干兴邦"。

**6. 自我评价**

这是自我管理的第六步,就是进行自我考核和自我评价。从自我管理的过程来看,这一步既是一个管理周期的重点,也是下一个管理周期的起点。唯有做好自我评价,才能做好螺旋形上升,摒弃旧我,塑造新我。

每一学期每一步实施自我管理计划是否有效,都需要通过认真的自我考核和评价才能准确地看出来,因此需要自觉坚持经常性的自我评价,"吾日三省吾身",对自己的进步和不足始终保持清醒的认识,有则改之无则加勉,见贤思齐,不断提高自我修养的自觉性,沿着既定的人生目标不断提升。

# 第七章　目标管理

目标管理最初是由美国管理学家彼得·德鲁克提出来的，就是以人为中心，以成果为标准，通过设置目标来激励、指导人们的动机和行为，在工作中实行“自我控制”，使需要、期望和目标相结合，保证目标实现的一种管理办法。

目标管理移植到高校学生管理教育上来，可以强有力地帮助同学们明确目标和任务，促使同学们有效地规划并度过自己的大学宝贵时光，激励同学们找到生命的重心，不再感到迷茫和空虚，有效地控制自己的行为，促使自我管理能力的提高，迈出成功的第一步。

## 第一节　认识目标管理

### 一、目标管理的内涵

目标管理是20世纪50年代以后发展起来的一种管理方法，它以组织的总目标为中心，运用系统方法建立分层的目标体系，通过分权调动被管理者的能动性，从而有效地完成组织任务。这种管理方法是由美国管理学大师德鲁克在《管理的实践》一书中首先提出的。

美国通用电气公司最先采用，并取得了明显效果。其后，在美国、西欧、日本等许多国家和地区得到迅速推广，被公认为是一种加强计划管理的先进科学管理方法。我国自20世纪80年代初开始在企业中推广应用。

彼得·德鲁克认为，管理的原则就是能让个人充分发挥特长，凝聚共同的愿景和一致的努力方向，建立团队合作，调和个人目标和共同福祉的原则。他指出：“目标管理和自我控制是唯一能够做到这一点的管理原则。”目标管理一方面强调管理的目标导向，另一方面强调目标管理的内部控制，即员工的自我控制。

目标管理作为一种先进的管理思想，一种科学的管理方法，被称为“管理中的管理”。这种管理方法就是通过设立目标、分解目标、实施计划、监测控制、修正计划、目标成果评价等自我控制的手段来达到管理的目的。

目标管理的精髓在于它的积极性、主动性、创造性和条理性，每个人都成为管理的主动者，个体能力得到激励，提高了工作成效，改善了人际关系。

## 二、目标管理的特点

目标管理是现代管理科学中比较流行、比较实用的管理技术之一。它的本质在于把目标作为管理中的激励手段，并且贯穿于管理过程的始终，强调目标的实现，重视成果的评定，提倡个体能力的发挥。主要具有以下几个特点。

### 1. 目标管理是面向未来的管理

目标是人们对于未来的期望值，具体目标能把人的行为导向未来，从而不断激励个体发挥自身最大潜能，取得令人满意的目标成果。

### 2. 目标管理是系统整体的管理

目标管理就是将整体目标逐级分解，转换为局部子目标、个体的分目标。在目标分解过程中，权、责、利三者已经明确，而且相互对称。这些目标方向一致，环环相扣，相互配合，形成协调统一的目标体系，实现系统整体的管理。

### 3. 目标管理是注重成果的管理

目标管理以制订目标为起点，以目标完成情况的考核为终点。工作成果是评定目标完成程度的标准，也是考核和奖评的依据，成为评价管理工作绩效的唯一标志。在目标管理制度下，监督的成分很少，而控制目标实现的能力却很强。

### 4. 目标管理是自我控制的管理

目标管理是一种参与的、民主的、自我控制的重视人的管理制度，也是一种把个人需求与组织目标结合起来的管理制度。它强调实现管理中的“自我控制”与“自我调整”，具有强烈的自觉性和主动性，能将“要我做”转变为“我要做”，自我激励，注重发挥个体的聪明才智、创造性和创新性，尽最大努力将工作做好。

## 三、目标管理的功能

### 1. 克服了传统管理的弊端

传统管理主要有两大弊端：一是工作缺乏预见和计划，没事的时候，尽可悠闲自得,一旦意外事件发生,就忙成一团,成天在事务中兜圈子;二是不少组织中的领导认为权力集中控制才能使力量集中、指挥统一和效率提高。

**2. 提高了工作成效**

目标管理不同于以往的那种只重视按照规定的工作范围和工作程序和方法进行工作的做法,而是在各自目标明晰、成员工作目标和组织总目标直接关联的基础上,鼓励组织成员完成目标。同时,目标同客观的评价基准和奖励相配套,这有利于全面提高管理的绩效。

**3. 使个体能力得到激励**

在管理目标建立过程中,成员可以各抒己见,各显其能,有表现其才能、发挥其潜能的权利和机会;工作成员为了更好地完成个人目标,必然加强自我训练和学习,不断充电,提高能力。目标管理的确定既要根据个人的能力,又要具有某种挑战性,要达到目标,必须努力才有可能。

**4. 改善了人际关系**

根据目标进行管理,组织的上下级沟通会有很大的改善,原因在于:第一,目标制订时,上级为了让员工真正了解组织希望达到的目标,必须和成员商量,必须先有良好的上下沟通和取得一致的意见,这就容易形成团体意识;第二,目标管理理念是每个组织成员的目标,是为组织整体完成并且根据整体目标而制订的。

## 四、目标设定的原则

制订目标看似一件非常简单的事情,每个人都有过制订目标的经历,但是如果上升到现代管理技术的层面上,就要掌握并运用SMART原则。

所谓SMART原则,即是:

(1)S代表具体性,主要是指两点:目标设定不能过于宽泛,不能过于笼统;目标设定不能主观。

具体实施要求是:目标设置要有项目、衡量标准、达成措施、完成期限以及资源要求。

(2)M代表可衡量性,绩效指标应是数量化或者行为化的,具备渐进性,验证这些绩效指标的数据或者信息是可以获得的。

具体实施要求是:目标的衡量标准遵循"能量化的量化,不能量化的质化"。

(3)A代表可实现性,指绩效指标在付出努力的情况下可以实现,要有挑战性,避免设立过高或过低的目标。

具体实施要求是：目标设置要具有可达性，可以制订出跳起来"摘桃"的目标，不能制订出跳起来"摘星星"的目标。

（4）R代表目标必须具有相关性，相关性就是目标要与目的先关联，如果目标脱离了目的，完全不相关，或者相关度很低，就会捡了芝麻丢了西瓜，甚至可能会南辕北辙。

具体实施要求是：目标的设定是要和岗位职责相关联的，不能跑题。

（5）T代表时限性，目标设置要具有时间限制，没有时间限制的目标没有办法考核。

具体实施要求是：根据工作任务的权重、事情的轻重缓急，拟定出完成目标项目的时间要求，定期检查项目的完成进度，及时掌握项目进展的变化情况，以及根据工作计划的异常情况变化及时地调整工作计划。

总之，无论是制订团队的工作目标，还是员工的绩效目标，都必须符合上述原则，五个原则缺一不可。目标制订的过程是对工作掌控能力提升的过程，完成计划的过程也就是对自己现代化管理能力历练和实践的过程。

## 五、目标管理的实施

目标管理是一个不间断的、反复的、动态的过程，只有通过定期或不定期的考察，搞好自我调节、补充、完善、提高，形成一个连续封闭的回路，才能适应变化的要求。

目标管理的实施过程一般经过以下四个步骤。

### 1. 制订目标

包括制订目标的依据、对目标进行分类、符合SMART原则等，形成一个相互衔接、协调平衡的目标体系。

### 2. 实现目标

这是决定性阶段。在目标实现过程中，贵在坚持，贵在自我激励，发挥积极性、主动性、创造性，进行自我控制，促使目标完成。

### 3. 信息反馈处理

围绕目标的完成程度、困难程度和为完成目标的努力程度、资源利用程度等不断进行调整，以便总结经验教训，发扬成绩，克服缺点，进一步进行目标调整、提高目标管理水平。

**4. 成果评价**

以自我评价为基础,进行成果评价。根据成果评价结果,兑现奖惩。经过成果评价,使得目标管理进入下一轮循环过程。

## 第二节　目标管理在大学生自我管理中的应用

### 一、大学生目标管理现状

**1. 缺少自我规划与清晰目标**

当代大学生的自我意识明显增强,但自我认知和自我规划方面存在很大问题。数据显示,大约有70%的在校大学生对自己的未来没有规划,缺乏未来职业规划意识,甚至有些同学会患上“空心病”。有些大学生刚进大学时,被丰富的大学生活所吸引,过多地参加各种社团活动、社会实践活动、学生会活动,对于学习不够重视,没有很好地摆清与权衡好学习与参加社团、学习与学生会干部、学习与实践之间的关系。一些自控力不强的同学,整天沉溺于网络与游戏玩耍,没有明确的学习与生活目标。还有一些同学目标管理仅限于想一想的状态,没有详细的计划和实施步骤,自我定位与规划能力需要进一步改进与提高。

**2. 目标设置不合理**

大学生虽然对于目标的重要性有着正确的认识,但由于大学生对于环境变数不能准确把握以及自我认知偏差,制订的目标过于宽泛、过多、过于主观、过高或过低,以至于目标对于大学生发展起不到应有的激励作用。

**3. 目标激励机制不合理**

目标激励是调动个体的力量源泉。在实施目标管理的过程中,由于没有及时检查与反馈目标的制订及成效,未做出合理的分析与评价,没有进行适当的调整,目标激励机制不完善,或者没有很好执行,执行力差,自我目标实施监督评估随意性大,致使目标激励没有发挥应有的作用,自我管理的效果不理想。

**4. 高校对大学生自我管理的指导监督工作不到位**

有的高校没有形成完备的大学生自我管理制度和目标管理的监督、检查和评价体系,对大学生自我管理的指导教育没有形成统一的认识及具体实施策略,监督指导多流于形式,没有发挥好保障和监督的作用。

## 二、目标管理应用于大学生自我管理的意义

目标是生命存在的轴心,偏离了轴心,生命便没有了意义。目标管理强调的是自我认知、自我发展。因此,同学们应该清楚地知道自己的目标是什么、怎样达到、何时达到,以及如何进行目标效果评价等。

### 1. 对大学生自我规划具有重要的导向作用

目前,高校的改革不断深化,教学管理逐步推行学分制,高校对学生的教育和管理呈现多元化、多渠道化,学生在校期间的自主权越来越大,柔性培养计划、弹性学习年限、自主选择专业方向,为学生的个性发展与兴趣发展创造了越来越充足的条件和环境。

"没有目标的人生叫流浪,有目标的人生叫航行。"如何在帮助指导大学生挖掘个人潜能、鼓励个性发展的同时,培养学生自我规划、自主学习的意识和能力,已成为高校急需研究和解决的课题。

通过实施大学生目标管理,可以使大学生看清自己的使命,具有"方向感",进而把握现在,发挥潜能,未雨绸缪,高效地学习与生活,增强自我教育、自我管理和自我发展的能力。

### 2. 对大学生成长成才具有极强的激励作用

目标的制订与实现是目标管理的核心。目标的确立会成为精神上的"内驱力",能使大学生认清未来的发展前景,分清轻重缓急,增强使命感和责任感;能使大学生产生一种实现目标后的成就感,形成一种激发力量,提高自信心和个人能力;能使大学生积极自信地面对挑战,充分激发自身内在潜能,感受生命的意义和价值,排除万难,去克服困难,努力达成目标。

### 3. 有利于提高大学生自我管理的绩效

目标管理的关键在于追踪、评估与考核。大学生通过对自我管理目标完成情况的及时总结与评价,能够准确地掌握目标的进展情况、存在的问题和需要解决的问题困难等,这有利于聚焦目标,提高大学生的自我管理水平和管理绩效。

## 三、目标管理在大学生自我管理中的应用

### （一）大学生自我管理目标的制订

大学生自我管理的目标实际上就是指大学生在校期间个人发展所期望达到的结果和规格标准。这是大学生进行自我管理的出发点和落脚点，对大学生进行自我管理具有导向、指导、调节和控制作用，改变不好的习惯思维模式和行为模式，由“被动人”变为“主动人”。

大学生自我管理的目标，涵盖大学生活各个阶段（比如入学阶段、适应阶段、发展阶段、毕业阶段等）、各个方面（比如学习、生活、社会实践、人际关系、健康等），受到时代、校园环境、个人能力、发展机遇、家庭条件等诸多因素的影响，形成一个自我相对成系统又与外界密切联系的目标体系。

#### 1. 目标制订的依据

首先，大学生应该树立正确的世界观、人生观和价值观，它们对大学生的行为起着规范和导向作用，不同的价值观往往会产生不同的行为准则。大学生在制订自我管理的目标时应与“四有”人才的总目标相协调，自觉践行社会主义核心价值观，将个人发展与社会发展、民族复兴融合在一起，把自己培养成对国家、民族和社会有贡献的合格人才。

其次，应根据自身的实际情况来制订目标。正确的自我认知和自我定位是准确设定目标的前提。只有明确自己的优势与不足、兴趣与爱好、理想与现实，才能做到有所为有所不为，才能做到“知己知彼，百战百胜”。

最后，应对现有自身资源、社会、学校、专业、家庭等方面进行评估。大学生的自身资源包括先天的身体资源，家庭和社会背景资源，后天习得的知识、能力、技能和习惯等。大学生在不断提高和利用自己的优势、弥补自身不足的同时，应主动了解与适应时代发展需求，抓住发展机遇，充分利用学校资源发展丰富自己，了解专业的发展趋势，不断拓宽专业面，努力成为复合型、创新型人才。

#### 2. 目标制订的原则

（1）时代性原则：“世异时移，变法宜矣。”应与时俱进，随着时代的发展不断调整与改进自我管理的目标。

（2）个体差异性原则：确定目标一定要符合自身的实际特点，目标定位应因人而异。

(3)可行性原则:自我管理目标一定要符合社会、个体发展的需要,且具有可操作性,是可以实现的目标。否则,将降低目标的激励作用,挫伤积极性和创造力。

(4)动态协调性原则:应根据外部条件和自身发展状况的变化适当调整目标的难易、时间进度等,为目标的修正提供参考依据。

**3. 目标体系的构建**

个体发展目标按照时间跨度可以划分为人生目标、长期目标、中期目标和短期目标。应该说,短期目标服从中期目标,中期目标服从长期目标,而长期目标服从人生目标。具体实施目标是从具体的、短期的目标开始的。

大学生在制订人生目标和长期目标时,需要多考虑一些自身因素(兴趣、爱好、特长等)、社会因素。在制订中期目标和短期目标时,可以多考虑自身因素和大学校园环境因素。

通过规划制订出个人的人生目标、长期目标、中期目标和短期目标,就形成了完整的个人目标体系、目标“金字塔”。

(1)人生目标:是人一生中的主要追求,是长期的,尽量高远,但不一定要详细精确,只要有个较明确的方向和符合大致程度要求即可。

大学生应及早理性地思考自己的未来,初步尝试性地选择未来适合自己从事的事业和生活,尽早开始培养自己综合能力和综合素质,并为实现人生目标进行长期不懈的努力。

(2)长期目标:主要指5~10年的目标。通常具有战略性、挑战性和动态性等特点,比较粗略、欠具体,有可能随着各种情况变化而变化。

制订适宜的长期目标才能为成功奠定良好的基础。大学生在设定长期目标时一般要考虑如下方面:非常符合自己的价值观;对自己的目标感兴趣;具有一定的挑战性;是自己能够实现的。

(3)中期目标:一般为3~5年的目标,相对于长期目标要具体一些,在整个目标体系中具有承上启下的作用,也是职业生涯能否有效实施和实现的重点。

对大学生而言,就是大学学习期间应该达到的目标,比如,毕业时找到一份满意的工作,或者进一步求学深造,或者考取多个职业资格证书,或者先择业再创业等。

(4)短期目标:通常是指每日、每周、每月、每季、每年的目标,是中长期目标的具体化、现实化和可操作化,是最清楚的目标。

短期目标设定是否合理,决定着中长期目标是否可以实现。当每一个短期目标实现时,可以是大学生明确看到自己的进步,明确自己所取得的进步是与自己的努力密切分不开的,进而产生实现后续目标的强烈愿望与动机。

高尔基曾说:“不知道明天做什么的人是可悲的。”世界上没有懒惰的人,只有没有目标的人。没有目标,就没有动力。

只有构建一套切实可行的高效的目标体系,才可以使大学生的积极性、主动性和创造性始终保持在最佳状态,通过积极的情感体验,激励同学们向更高的目标迈进,引导同学们一步步走向成功,实现自己的人生梦想。

### (二)目标实现过程中的管理

目标管理重视结果,强调自主、自治和自觉,实质上就是一个自我控制、自我管理的过程。大学生作为自我目标管理的主体,应不断提高自身素质和能力,提高执行目标的有效性,采用目标分解、实施计划、监控、调整修正计划的一套程序促使目标的完成与实现。

#### 1. 目标分解

目标分解的方法主要有两种。

(1)剥洋葱法:像剥洋葱一样,将大目标分解成若干个小目标,再将每个小目标分解成若干个更小的目标,一直分解下去,设定十年后的目标、五年后的目标,直到知道现在该干什么。这实际上是从时间上对目标进行分解。

(2)多叉树法:树干代表大目标,每一根树枝代表小目标,叶子代表即时的目标,也就是现在要去做的每一件事。这是从内容的角度对目标进行分解。

对于大学生自我管理目标来说,可以通过剥洋葱法制订出人生目标、长期目标、中期目标后,以大学三年或四年为限,对自己的短期目标按照多叉树法进一步分解目标。

大学期间自我管理的总目标就是:大学生的成长成才。为了实现这一目标,自我管理的总目标继续分解为知识目标、能力目标和素质目标。

一是知识目标:大学阶段是人生获取知识的黄金时期,要充分利用这段时间加强知识学习,不但要拥有良好的专业知识和专业素质,完成学业,获得文凭、学位或职业资格证书。同时,必须重视方法论知识的学习,培养独立自主学习的能力;重视工具性知识的学习与掌握,如熟练使用计算机、互联网、办公软件和搜索引擎;学习与本专业相关的跨专业学科领域的知识，不断开阔看问题的视野，构建起 π 型多元化知识结构。

二是能力目标：大学生在重视专业能力学习的同时，必须重视“职业核心能力”的培养。“职业核心能力”是在人们工作和生活中除专业岗位能力之外取得成功所必需的基本能力，是整个职业能力体系的“脊柱”，在大学阶段，应重点提升以下三种职业核心能力水平。

首先，应注重学习能力的培养。大学不是“职业训练场”，而是一个让学生学会适应社会、适应不同工作岗位的平台。在大学学习期间，学习专业知识固然重要，更重要的是要树立终身学习的理念，培养自学能力，学会独立发现问题、分析问题和解决问题，掌握自修之道，才能适应知识经济时代瞬息万变的未来世界，为进一步接受教育和获得终生发展奠定基础。

其次，应具备良好的人际沟通交往能力。一位阿拉伯哲人曾说：“一个没有交际能力的人，犹如一艘陆地上的船，永远也不会漂泊到人生大海的彼岸。”每一位大学生都应该要求自己清楚了解人际交往的社会规则，做一个自尊而又尊重人的人，一个善于沟通和与人合作的人，一个受人欢迎的人，一个具有团队精神的人。和谐的人际氛围是顺利完成学业的基础，良好的人际交往与沟通能力不但有利于培育大学生健康的心理，而且是大学生未来事业成功的必备素质。

最后，应具备创新创业能力。时代呼唤创新，时代呼吁创业。大学生是实施创新驱动发展战略和推进大众创业、万众创新的生力军，不仅要学习和掌握更多扎实的知识，还要增强创业意识、创新精神和创造能力，应主动顺应时代发展要求，投身创新创业，在创业中成就事业，在创业中成长成才，为建设创新型国家提供人才智力支撑。

三是素质目标：大学生应具备良好的政治素质、道德素质、文化素质、审美素质、健康的身心素质。一般来说，劳动者能否顺利就业并取得成就，在很大程度上取决于本人的职业素质，职业素质越高的人，获得成功的机会就越多。职业素质是人才选用的第一标准，职业素质是职场致胜、事业成功的第一法宝。大学生应充分利用大学时光养成良好习惯，提高自身修养和人格魅力，提升职业素质。

**2. 实现目标**

（1）实施计划。

一是知识获得方面：转变学习方式和学习方法，快速适应大学期间的专业学习,坚持到自习室,学会预习、听课、记笔记和课后作业;以图书馆为伴,每周至少去一次图书馆、阅览室,每月至少读完一本书,养成多读书、读好书的习惯;加强英语和计算机的学习,每天一个小时的英语学习,或者辅修其他专业,争取考级取证等。

二是能力获得方面:在保证专业学习的情况下,多参加校内外社会实践,如参加学生社团、青年志愿者、社会调查、勤工俭学、学生会组织、企业实习锻炼、大学生科技创新、创业实践等,培养组织协调能力、团队合作能力、交往沟通能力、语言表达能力、抗挫抗压能力、创新能力以及领导能力等。

三是素质培养方面:主要通过知识的学习、良好行为习惯的养成、优秀校园文化熏陶、撰写入党申请书、积极向党组织靠拢、成为入党积极分子、参加“青马工程”和青年志愿者活动等途径进行自我修养与提升,促使同学们形成较高的道德文化素质、较强的专业素质、健康的心理和强健的体魄。

(2)检查修正计划:美国成功学大师安东尼·罗宾斯曾提出一个成功的万能公式:成功 = 明确目标 + 详细计划 + 马上行动 + 检查修正 + 坚持到底。从上述公式可以看出:有目标、不断修正目标,是实现人生理想的两个不可或缺的基础条件。

常言道“计划赶不上变化”,目标实施的主体是大学生,大学生应定期评估与反思计划的执行情况,比如:目标设定是否合理、难度是否适宜、是否偏离中长期目标、质量效果如何、遇到什么困难与障碍……力求一步步稳扎稳打,通过不断修正阶段性目标,使目标更具有可操作性,最终促成人生终极目标的实现。其实,评估与修正过程也是个人对自我认识、对社会认识不断加深的过程。

(3)目标成果的评价:要使目标能够发挥自身的激励作用,做好目标成果的评价工作是非常重要的。对目标进行评价总结时,应遵循实事求是的原则,坚持定量和定性分析相结合的方法,通过自评、互评、教师评的多维评价体系,给予目标成果较为客观的评价。

评价结果应以“肯定激励为主,否定批评为辅”,根据目标实现的不同情况给予相应的鼓励、表彰、批评和惩罚,把物质奖励和精神奖励有机结合起来,满足大学生物质精神双重需要,产生持久的、强有力的激励作用。

## 四、目标是奋进的源泉

“因为目标,所以专注;因为专注,所以专业;因为专业,所以成就。”明确了目标,就好像射击找到了靶子。接下来重要的是专注执行计划,脚踏实地,步步为营,天下没有比人高的山,天下没有比脚长的路,用奋斗去成就自己的梦想。

百度之所以能够成为全球最大的中文搜索引擎,是与百度始终如一地坚持做搜索引擎分不开,不断形成了自己强大的核心竞争力。世界上除了鹰,还有一种动物能够达到金字塔顶,那就是蜗牛。蜗牛之所以能够达到塔顶,就是靠它永不停息的执着精神、锲而不舍的坚持,这才是蜗牛的惊人之处。

"I have a dream(我有一个梦想)",当马丁·路德·金向他的同胞们说出这个梦想的时候,他无法预知这个梦想将会在哪一天实现,但他坚信梦想总会有实现的一天,事实也证明如此。

每一个人都有自己的一个梦想,或许少年得志,或许大器晚成,但不可否认的是,总有一天它会实现,因为追求梦想的过程本身就是心灵与成功的对话之旅。

"Never give up!(绝不言弃!)"这是丘吉尔在牛津大学毕业典礼上所讲的一句话。只要耐心、专注,一根针、一滴水也一定能够释放出惊人的力量!

勤学如春起之苗,不见其增,日有所长;辍学如磨刀之石,不见其减,日有所损。坚持的魔力才是我们的成功之道!功到自然成!

当然,成功还需要具备下面四个要素。

(1)知识(Knowledge):专业知识是必须具备的要素。

(2)心态(Attitude):乐观、积极、主动、进取的心态很重要。

(3)技巧(Skill):即工作的技巧、为人处世的技巧。

(4)习惯(Habit):要养成良好的习惯,克服不良的习惯。

# 第八章　时间管理

时间是每个人与生俱来的一笔财富。尤其在当前快节奏、严重碎片化的时代，善于掌握和运用这笔财富，则是一种对生命的经营。

管理学大师彼得·德鲁克曾说："不能管理时间，就不能管理一切！"只有做到有效地管理利用时间，才能较好地控制生活，高效率、高质量地完成每一项工作，朝着自己的目标方向不断迈进。否则，不能有效管理时间，分不清轻重缓急，计划再好，目标再高，能力再强，也是空的。

## 第一节　认识时间管理

人的一生两个最大的财富是才华和时间。才华越来越多，但是时间越来越少，每个人的一生可以说是用时间在换取才华。如果时间一天天过去了，而才华却没有增加，那就是虚度了时光。所以，我们必须节省时间，有效合理地使用时间。

### 一、什么是时间

关于时间的描述很多，人们常说"时间就是生命"，"时间就是金钱"，"时间就是效率"，"一寸光阴一寸金，寸金难买寸光阴"，"浪费时间就是浪费生命"，"浪费时间就是浪费金钱"，"子在川上曰，逝者如斯夫"……

时间这个概念的出现是人类对物质存在过程的抽象认识，时间本身和物质存在密不可分，因为没有物质存在就没有了时间存在的意义，因此，通常所指时间的定义是：一切宏观物质状态的变化过程都具有持续性和不可逆性，此性质是它们共同的属性，而此连续事件的度量称为时间。也就是说，时间是对变化过程的度量。控制时间的关键在于控制物质的变化过程。

## 二、时间的特性

### 1. 供给毫无弹性

时间的供给量是固定不变的，在任何情况下不会增加，也不会减少，每天都是24个小时，所以无法开源。

### 2. 无法蓄积

时间不像人力、财力、物力和技术那样可以被积蓄储藏。不论愿意与否，人们都必须消费时间，所以无法节流。

### 3. 无法取代

任何一项活动都有赖于时间的堆砌，也就是说，时间是任何活动所不可缺少的基本资源。因此，时间是无法取代的。

### 4. 无法失而复得

时间无法像寻回失物一样失而复得。它一旦丧失，则会永远丧失。花费了金钱，尚可赚回，倘若挥霍了时间，任何人都无力挽回。

## 三、时间管理的内涵

### 1. 时间管理的概念

时间管理是指在时间消耗相等的情况下，为提高时间利用率和有效性而进行的一系列的控制工作，包括对时间进行有效的计划和分配，以保证重要工作的顺利完成，并能及时处理突发事件或紧急变化。简单地讲，时间管理就是如何以最少的时间投入来获取最佳的效果。

### 2. 时间管理的关键与核心

人们无法像人力资源管理那样，“管住”时间，不让它走掉；也无法像理财那样，“积蓄”时间，让它增值；但人们可以管理时间的用法，管理事件的变化过程，有选择地运用时间。

时间管理的关键就是对事件的控制，即把每一件事情都能控制得很好，合理有效地利用可以支配的时间，完成各种事务，达到“三效”，即效果、效率、效能。

时间管理的核心与精髓就是要分清事情的轻重缓急，排列出优先顺序。

### 3. 时间管理的意义

美国生物学家赫胥黎曾说过，“时间最不偏私，给任何人都是24小时；时间也最偏私，给任何人都不是 24 小时”。终身培训师 Forster 认为：“我们所要管理的并非时间本身，而是我们自己，特别是我们一定要学会何时、何地以及如何集中自己的注意力去做应该做的事情。”从某种意义上说，如何合理地管理和利用自己的时间，决定着一个人的成功或者失败。

时间管理是一种习惯。良好的时间管理能力可以使人们取得各方面的平衡，包括事业与家庭、工作与休闲；使人们能主导自己的生命；能够实现自我超越，实现自己的理想；使人们能兼顾自己和别人的追求，使人很忙但又不盲目。

时间管理的本质是自我管理，管理自己生命的变化过程，以令自己更富绩效。可以借鉴伟人们的经验，认识到时间的重要性，主动去干预和控制自己生命的过程，通过时间管理去提升生命质量。

## 四、时间管理的法则

### 1. 帕累托法则

帕累托法则是 20 世纪初意大利统计学家、经济学家维尔弗雷多·帕累托提出的，他认为，在任何一组东西中，最重要的只占其中一小部分，约 20%，其余 80% 尽管是多数，却是次要的。只要能控制具有重要性的少数因子就能控制全局，因此又称二八定律（法则）。

帕累托法则不仅在经济学、管理学领域应用广泛，对我们做好时间管理、促进自身发展也有重要启示。一个人的时间和精力是非常有限的，要想真正“做好每一件事情”几乎是不可能的。

该法则让人们学会合理分配的时间和精力，避免将时间和精力花在琐事上，集中精力解决少数重要的问题，把 80% 的时间花在能出关键效益的 20% 的事情上，不是解决所有问题。要让大事情先占据时间，别让小事情先占据时间。平均分配时间，是对时间的浪费。

### 2. 时间管理优先矩阵

时间管理优先矩阵是一种新一代的时间管理理论，把事情按其紧迫性和重要性两个不同的程度分成 ABCD 四类，分别代表不同的优先级任务，形成时间管理的优先矩阵。重要性与目标是息息相关，有利于实现目标的事物都称为重要，越有利于实现核心目标，就越重要。紧迫性是指必须立即处理的事情，不能拖延。

A 类:重要且紧急,如考试复习、作业、填报高考志愿、处理负面报道、救火、抢险等。这类事情必须立即去做。

B 类:重要但不紧急,如日常学习、建立人际关系、锻炼身体、学习新技能、制订家庭投资理财计划等。只要没有 A 类事情的压力,应该当成紧急的事情去做,不是拖延,有计划去做。

C 类:不重要但紧迫,如不速之客、不重要的临时聚会、凑数、突然来电、信件等。这类事情交给他人去做或者委婉地拒绝。

D 类:不重要不紧迫,如游戏、闲聊的电话、看电视连续剧、看无聊小说、鸡毛蒜皮的琐事等。这类事情尽量别做,有闲工夫再说。

时间管理优先矩阵示意图见图 8 - 1。

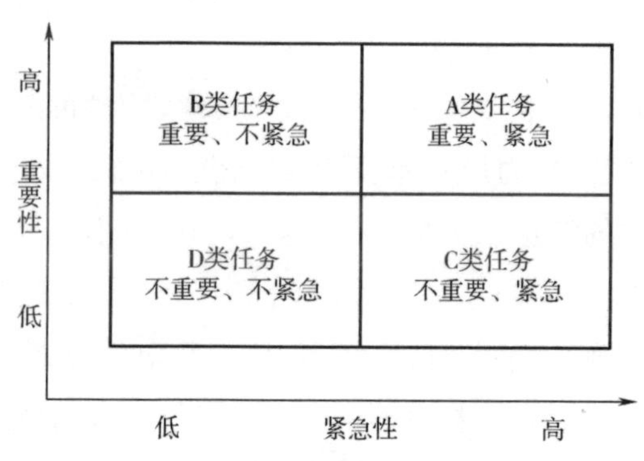


图 8 - 1　时间管理优先矩阵

**3. 六点优先工作制**

六点优先工作制是效率大师艾维利在向美国一家钢铁公司提供咨询时提出的,它使这家公司用了 5 年的时间,从濒临破产一跃成为当时全美最大的私营钢铁企业,艾维利因此获得了 2.5 万美元咨询费,故管理界将该方法喻为“价值 2.5 万美元的时间管理方法”。

这一方法要求把每天所要做的事情按重要性排序,分别从 1 到 6 标出 6 件最重要的事情。每天一开始,先全力以赴做好标号为 1 的事情,直到它被完成或被完全准备好,然后再全力以赴地做标号为 2 的事,依此类推……

艾维利认为,一般情况下,如果一个人每天都能全力以赴地完成 6 件最重要的大事,那么他一定是一位高效率人士。

#### 4. 莫法特休息法

莫法特休息法又称连续分段时间管理法，就是根据人的大脑左右两半球有不同的功能，把一天必须完成的工作，分成两类，每隔一段时间就变换不同的工作内容，这样就可以使左右大脑轮流获得有效的调剂和放松，减轻紧张的感觉，消除疲劳，使工作更加专注，提高工作效率。

#### 5. 崔西定律

著名的时间管理理论——崔西定律指出："任何工作的困难度与其执行步骤的数目平方成正比。例如完成一件工作有 3 个执行步骤，则此工作的困难度是 9，而完成另一工作有 5 个步骤，则此工作的困难度是 25，所以必须要简化工作流程。"

该定律要求大家在处理事情时要将复杂的问题简单化，省去合并不必要的流程和步骤，抓住事情重点，才能有效地取得工作成效。

#### 6. 黄金三小时法则

早晨 5 ~ 8 点是人一天中效率最高的三小时，称之为"黄金三小时"。一天之计在于晨，早晨头脑最清醒、精力最充沛、思维最活跃、环境最安宁、注意力最集中、心情最愉悦，收集睡眠中的潜意识也最全，在这一时段，工作一小时相当于其他时段工作三个小时。

"黄金三小时"法则告诉我们，应该利用一天中效率最高的时段去完成一天中最重要的工作，以达到事半功倍的效果。当然，由于生物钟的不同，黄金三小时的具体时段可能因人而异，但这并不影响此法则发挥作用。我们应该在生活中多加体会，以便找出自己的黄金三小时，并利用好它，达到一天等于两天的效果。

#### 7. 善用零碎时间

达尔文说："我从来不认为半小时是微不足道的很小的一段时间。完成工作的方法，是爱惜每一分钟。"鲁迅先生说："时间就像海绵里的水，只要愿挤，总还是有的。"莫泊桑提醒我们说："世界上真不知有多少可以建功立业的人，只因为把难得的时间轻轻放过而默默无闻。"

没有利用不了的时间，只有自己不利用的时间。要经常跟自己抢时间，要时刻提醒自己在正确的时间做正确的事情，才能在有限的时间内取得更高的成就。

# 第二节　大学生如何有效管理时间

进入大学后，不用一味地为考试的几门科目忙碌，而是开始了更多丰富多彩的生活、学习和实践，有更多自由去支配所有属于自己的时间。如何高效地做好时间管理，提高时间管理能力，让自己的大学生活多姿多彩，学会做人，学会做事，学会发展，为自己未来的人生发展奠定坚实的基础，这是每一位大学生必须严肃而又认真思考的课题。

## 一、大学生加强时间管理的意义

李开复在“第四封信”中曾说：“大学是人生的关键阶段。这是因为，这是你一生中最后一次有机会系统性地接受教育。这是你最后一次能够全心建立你的知识基础。这可能是你最后一次可以将大段时间用于学习的人生阶段，也可能是最后一次可以拥有较高的可塑性、可以不断修正自我的成长历程。这也许是你最后一次能在相对宽容的，可以置身其中学习为人处世之道的理想环境。”

正如邓拓所说：“古来一切有成就的人，都很严肃地对待自己的生命，当他活着一天，总要尽量多劳动，多工作，多学习，不肯虚度年华，不让时间白白地浪费掉。”

大学生实行时间管理，不但可以充分体验到时间的价值，满足自我调适的需要，还可以用这笔财富进行人生的投资，发掘自我潜能，培养自身的应变能力，学会运用科学的方法制订可行的步骤与措施，增强发展的目的性与计划性，实现自我价值。

## 二、大学生时间管理的误区

提高时间利用的效率，就需要在实际的学习、生活中尽可能避免时间管理的误区。一般来说，浪费时间的因素有内部因素，也有外部原因，但归根到底主要源自自身因素。

### （一）内部因素

**1. 没有设立明确的奋斗目标**

大学生进入大学后，容易陷入目标的盲目期，高中时期的明确目标达到了，而新的更长远的目标没有系统建立或完全确立。有些同学由于缺乏很好的自我认知,没有对未来做更好的学业规划和职业生涯规划,在梦想的各种目标中游走,想参加各种社团锻炼自己的社交能力,想打工积累社会经验,想参加各种培训班考取各种证书,想参加学生会锻炼自己的组织能力……什么都想做,整天忙忙碌碌的,但实质上什么都没有做好。

**2. 把目标计划仅仅留在纸上**

与无计划的同学相反,有些同学则时时制订计划,事事制订计划,大事制订计划,芝麻小事也要制订计划,将每项计划都制订得特别精确细致。然而却忘记了行动,在执行上非常僵化。其实行动才是实现目标的关键,要知道,制订计划占据了过多的时间,留给行动的时间所剩无几,要想成功不是件容易的事情。

**3. 养成拖延时间的不良习惯**

《中国青年报》曾经调查发现,约72.8%的大学生认为自己有拖延症。拖延症集中表现为惰性大、自控能力差,逃避困难,不到万不得已就不做。比如:有的同学做作业过程中看电影、玩游戏,有的同学熬夜赶交第二天的作业,有的同学在铃声响起时才进入教室;还有完美主义者,不允许细节有瑕疵,一旦发现全部推倒重来,而不是对细节加以修改,这样就导致整个计划延后;有的同学到了临考前一天四处求复习重点,背几个小时只为求过;有的同学通常会在考前半个月开始复习,一整天都驻扎在图书馆,然而却不停地看手机、出去接水等,学习效率极低。

**4. 不懂拒绝,不善于说“不”**

拒绝是保障自己工作、学习时间的有效手段。有些同学不懂得拒绝他人,或者没有掌握拒绝的技巧,对于一些同学的请求总是有求必应,“不”字难说出口,生怕自己的回绝会伤害了彼此的和气。其实,不懂拒绝,就是在过被动的人生,会消耗掉自己大量时间和精力,甚至为此吃尽苦头。

**5. 不善于利用闲暇时间**

大学生对闲暇时间的利用具有一定的随意性。50%以上的大学生是根据感觉和兴趣来安排和利用闲暇时间,只有不到20%的学生会对闲暇时间进行计划。

闲暇是一种宝贵的财富,闲暇时间的利用很大程度上决定着人的生活质量和事业成败,然而目前大部分大学生是以无意识、无价值、无目的、无功能的方式度过。闲暇时间的计划性差、盲目性大,利用效率也不高。

### (二)外部原因

#### 1. 家庭环境

心理学家的研究表明,学生的习惯在学龄前就已经形成了。家长是孩子主要的效仿对象。如果父母办事拖拉、没有效率、时间观念不强,通常情况下,孩子也不容易形成一个良好的时间管理习惯。

#### 2. 学校风气

学风是一所大学的灵魂,是学校生存与发展的根本支柱。良好的学风是学校的宝贵财富,它会引导学生树立正确的学习目的,养成科学严谨的治学态度,同时使学生完成自我人格的塑造。

#### 3. 手机、电脑等电子产品的泛滥使用

对于大学生而言,电子产品像一把"双刃剑",既可以快速地了解外部世界,获取更多信息,但也存在不容忽视的问题,现在几乎个个都是"低头族",想通过盯住屏幕的方式把零碎的时间填满。手机文化特有的快餐式、娱乐化,正侵蚀着同学们的思维,他们满足于浅层次的短信文学,满足于轻松自在的娱乐方式,而排斥紧张的学习,不愿意阅读深奥的书籍,不愿意进行深入的思考,许多同学已经在不知不觉中身陷在"手机综合征"的泥沼之中。

## 三、改进和提升大学生时间管理的对策

### (一)引导大学生做好大学规划,强化大学生的时间价值观

时间管理是大学生必须掌握的生活能力。高校需要从大学生一入校,就要引导大学生树立积极的人生态度和正确的人生价值观,强化大学生的时间价值观,养成良好的学习生活习惯,让同学们充分认识到时间的真正价值,认识到科学管理时间是学习、事业成功的关键。

### (二)开设专题教育课程,提高大学生的时间管理技能

#### 1. 设立明确的目标,制订切实的计划

根据 SMART 原则,给自己设定人生的长远目标和现实的短期目标,并合理制订行动计划。要知道,时间管理与目标设定、目标执行具有相辅相成的关系,时间

管理与目标管理不可分。注重计划实施中的自我监督和实施后的自我检查。每完成一项就打一个勾,没有完成的就划叉,并注明未完成的原因。实施计划时要选择一个好的环境,良好的学习环境可以使人专心学习,集中注意力。

**2. 分清轻重缓急,合理有效分配时间**

遵循"二八原理",根据重要性和紧迫性,区分一天中哪些事情紧急又重要,哪些事情重要但不紧急,还有哪些事情是紧急但不重要,剩下哪些事情是既不紧急又不重要,将一些大块的学习时间用来完成难度大的学习或重要的事情,零碎时间可用来做一些耗时少而又不太急的事情,让自己的时间管理更加科学合理。宁可因梦想而忙碌,不要因忙碌而失去梦想。

**3. 马上采取行动**

美国诗人德兰克曾说,"行动才是果实,言辞不过是树叶!"克服拖延的最好手段莫过于马上采取行动,就像西点军校的行为准则——没有任何借口。

路,之所以遥远,是因为从未迈开第一步;理想,之所以虚幻,是因为总是在原地踏步。

日日小练,胜过一曝十寒;马上行动,才是一切美好的开始。

**4. 学会专注做事,提高时间利用效率**

时间浪费除了显性浪费之外,还有一种隐性时间浪费,那就是做事情三心二意,或是心不在焉。要重视大学生专注做事的习惯养成,同时养成规律的生活作息习惯,科学用脑,防止拖延,才能在做事情时专心致志,从而提高时间利用效率。

**5. 学会节约时间**

虽然每天只有 24 个小时,但只要细心观察、节约点滴时间,就可以拥有比别人更多的时间。看电视、上网、玩游戏,这些都会消耗大量时间,而且它们已经融入每天的生活习惯,戒除很难,如果能尽可能缩短花在这些事情上的时间就好。

爱因斯坦说过:"人的差异产生于业余时间。业余时间能成就一个人,也能毁灭一个人。"哈佛大学有一个著名的理论:人的差别在于业余时间,一个人的命运决定于晚上 8 点和 10 点之间。这就是所谓的"八小时之内决定生存,八小时之外决定发展"。

面对诱惑,一定要坚持住,要能对不良诱惑说"不",业余时间应该用在能让自己不断提高的事情上,每晚抽出一定的时间用来储备知识和为未来积累经验,那么未来就可能比别人更精彩。

### 6. 学会列清单

把自己需要做的每一件事情都写下来,列一张总清单,这样做能让自己随时都明确手头上的任务。不要轻信自己可以用脑子把每件事情都记住,列清单可以时刻让自己产生紧迫感。在列好清单的基础上,排出优先顺序,确认完成时间。

### 7. 养成自省的习惯

孔子曰:“吾日三省吾身。”人只有在自省的时候才能看到错误和不足。健康的秘诀在早上,成功的秘诀在晚上。当每做完一件事情或者睡觉前,可将一天的学习生活盘点一下,明确取得的主要成绩,找出不足或自己应借鉴的教训,根据进展情况及时调整计划,让后续的安排更加合理,更加合理地安排时间,做个有“悟性”的有心人。

# 第九章 情绪管理

一个人情绪好时，山含情，水含笑；一个人情绪差时，感时花溅泪，恨别鸟惊心。可以这样说，情绪是人们生命的指挥棒，是健康的寒暑表。

情绪与智力好比鸟之两翼、车之两轮，助人们走向成功的彼岸。对于刚进入大学校园的同学们来说，要学会体察情绪、表达情绪、宣泄情绪，保持积极的、健康向上的精神状态，阳光自信地开始每一天的学习和生活，对于自己的身心健康、成长乃至未来的发展具有十分重要的意义。

## 第一节 了解情绪

### 一、情绪的定义

情绪是人对客观外界事物态度的体验，是人脑对客观外界事物与主体需要之间关系的反映，伴随特定生理反应与外部表现的一种心理过程。

情绪是多成分的复合过程，情绪成分包括主观体验、外部表现（如声音表情、面部表情、动作表情）、生理唤醒三个部分。客观事物是情绪的源泉，情绪以需要是否满足为中介，是一种内心感受，会在行动中表现出其生理反应。

一般而言，人类具有四种基本的情绪：快乐、愤怒、恐惧、悲哀。在这四种基本情绪之上，可以派生出众多的复杂情感，比如厌恶、羞耻、悔恨、嫉妒、内疚、喜欢、同情等。

中医理论将情绪分为喜、怒、忧、思、悲、恐、惊，称之为“七情”。这七种情绪激动过度，就可能导致阴阳失调、气血不周而引发各种疾病。如《黄帝内经》中说：怒伤肝、喜伤心、思伤脾、忧伤肺、恐伤肾。

情绪不同于情感，情绪具有较大的情境性和暂时性，情感具有稳定性和深刻性。情绪具有外显性和冲动性，而情感则比较内隐和深沉。

## 二、情绪的分类和功能

### （一）情绪的分类

根据情绪发生的强度、速度和持续时间的长短等指标，典型的情绪可分为心境、激情和应激三种基本状态。

**1. 心境**

心境是人比较平静而持久的情绪状态。不同的人对同一事物会有不同的心境，就是同一个人在不同的环境中也会有不同的心境。心境有消极和积极之分。

**2. 激情**

激情是一种强烈的、爆发性的、时间短促的情绪状态。比如我们常说的暴跳如雷、大惊失色、欣喜若狂等。在激情的状态下，要避免过分冲动，要能够管控自己的情绪，不要走向极端。激情也有消极和积极之分。

**3. 应激**

应激是出乎意料的紧急事件所引起的极度紧张的情绪状态。此时表现为心跳加快、面色苍白、血压升高等。应激是人的正常的生理和情绪反应，这种反应不能够过长，否则容易导致疾病的发生。

### （二）情绪的功能和影响因素

情绪对人们的日常生活、工作、学习和个体发展都有着不可小视的作用，是决定幸福、衡量生活质量的主要因素。情绪直接影响调节一个人的学习过程、个性发展以及人的身心健康，可以协调人际关系，起到自我保护、人际沟通和信息传递的功能。

情绪常见的影响因素有：认知因素、遗传因素、精神状态、意外的刺激等。

## 三、情绪商数

情绪商数简称情商（EQ），又称为情绪智力，是近年来国内外心理学家提出的与智商（IQ）相对应的概念。主要是指一个人自我情绪管理以及管理他人情绪的能力指数，是指人在情绪、情感、意志、挫折容忍力等除智力以外的综合性个性品质。

情商包括以下五个方面的能力。

(1)认识自身情绪的能力:指对自身情绪的方向、强度、价值等方面的自我感知的能力。

(2)妥善管理自身情绪的能力:指对自身的情绪进行妥善管理与调控,使其有效地适应各种变化的能力。

(3)自我激励的能力:指不断为自己树立目标的自身动机和使其情感专注的能力。

(4)认识他人情绪的能力:指对他人的情绪感受进行理解与感知的能力。

(5)处理良好人际关系的能力:指具有与他人交往和协调人际关系的能力。

在这五个方面里,前三个方面涉及自身,是对自身情绪的认识、管理、激励和控制;后面两个方面涉及他人,要学会理解他人情绪,并通过正确理解他人情绪来实现人际关系的和谐和融洽。

## 第二节　大学生常见的情绪

### 一、大学生的情绪特点

大学生的情绪最基本的特点就在于它的矛盾性。大学生情绪的矛盾性是大学生的生理与心理的矛盾、个体需要与社会满足间的矛盾、理想与现实差距的矛盾、理想的我与现实的我之间的矛盾等种种矛盾冲突带来的情绪上的反应。主要具有以下几个特点。

**1. 外显性与内隐性**

大学生对外界刺激的反应迅速而敏感,喜怒哀乐形之于色,具有外显性;大学生情感的外在表露和内心的体验并不是很一致,反映内隐性。比如性格外向的学生,他们的情绪可能一眼就可以看出,喜形于色、满面愁容、怒不可遏等;而性格内向的学生则倾向于压抑自己的真情实感,很多时候会表现出内隐、含蓄的特点,如对他人的爱慕之情等。

**2. 丰富性和复杂性**

大学生正处于富于梦想的年龄阶段,几乎人类所具有的各种情绪都可以在大学生身上体现出来，而且各类情绪的体现的强度不一，具有丰富性；同时，由于大学生的人际交往范围迅速扩大，在生活中可能面对很多问题，比如在处理学习、交友、恋爱等人生大事时所面临的问题，各种情绪会交织在一起表现出来，因此这时段的情绪还具有复杂性。

**3. 波动性和两极性**

大学生面临着各种各样的选择，社会、家庭、学校以及生活中的种种，都会给大学生带来这样或者那样的情绪影响。比如一句善意的话语、一首动听的歌曲、一个感人的故事、一首情境交融的诗歌，都可以使他们的情绪发生骤然变化，特别是面临日益严峻的就业压力，大学生的情绪都会有波动，体现出波动性；同时，胜利时得意忘形，遇到挫折时垂头丧气，喜欢时花草皆笑，悲伤时草木流泪，情绪的反应摇摆不定、跌宕起伏，体现出两极性。

**4. 冲动性和爆发性**

大学生在这个年龄和心理状态下，对外界反应极为敏感，很容易在外界刺激的情况下表现出强烈的情绪体验。许多情境下容易被激怒，不计较后果，大学生打架斗殴事件就说明大学生情绪控制能力还有明显的不足，体现出情绪的冲动性和爆发性。

**5. 阶段性和层次性**

每一阶段、每一时期都会对应不同的主导情绪，刚入学面临的是适应环境、学习方法的改变、人际关系建立等众多问题，情绪波动较大，易产生各种相应的情绪问题。大二、大三的学生情绪较为稳定，主要在面对人际关系、社团组织、奖（助）学金等问题时，也会产生相应的情绪问题。大四的学生面临毕业、升学、就业等问题，压力较大，同时毕业论文的撰写等都会增加烦恼，易产生相应的不良情绪。这些都体现出情绪的阶段性和层次性。

## 二、常见情绪问题

大学生的情绪问题一般是指大学生的消极情绪，也称负情绪。当代大学生面对社会期望高、学习负担重及人才竞争激烈的状况，会产生较大的心理压力，经常处于紧张状态，容易产生负情绪。

**1. 焦虑**

焦虑是一种非特定的、不知所以然的提心吊胆与紧张不安的情绪状态，它常常与焦急、忧虑、恐惧等感受交织，成为一种复合性的负情绪，是大学生常见的情绪状态，主要表现为自我形象焦虑、学习焦虑、情感焦虑等。

**2. 抑郁**

抑郁是一种由情绪低落、冷漠、悲观、失望等组成的复合性负情绪，表现为情绪低落、思维迟钝、郁郁寡欢、兴趣丧失、食欲减退和失眠等。抑郁情绪严重会导致抑郁症。长期处于抑郁情绪状态，会使大学生的身心受到严重伤害，甚至无法正常地学习和生活。

**3. 易怒**

愤怒是喜、怒、哀、惧四大基本情绪之一，是在客观事物与人的主观愿望相违背、或因愿望无法实现时产生的一种激烈的情绪反应。易怒是大学生常见的一种消极情绪，一方面影响身心健康，另一方面也会因不良后果而阻碍前途的发展。

**4. 自卑**

自卑是自我情绪体验的一种形式，是个体由于某种生理或心理上的缺陷或其他原因所产生的对自我认识的态度体验，表现为对自己的能力或品质评价过低，轻视自己或看不起自己，担心失去他人尊重的心理状态。

**5. 冷漠**

冷漠是个体受到挫折后的一种消极情绪反应，它通常在个体不堪承受挫折压力，攻击行为无效或无法实施，又看不到改变境遇的可能时产生。冷漠会造成责任感的下降、生活意义的缺失，以及对自我价值的放弃。

**6. 压抑**

压抑是当情绪和情感被过分克制，不能表达和宣泄时所产生的内心体验，它含有苦闷、烦恼、困惑、寂寞等情绪。

**7. 嫉妒**

嫉妒是社会尊重需要受到现实的或潜在的威胁时产生的情绪体验，是一种包含焦虑、忧惧、悲哀、失望、愤怒、敌意、憎恨、羡慕、羞耻等错综复杂的情绪体验。

**8. 耻感与罪感**

耻感即感到自己可耻，强调的是“外在的约束性”，重点是自己的所做所为能不能合乎社会标准，非常在乎别人怎么说、怎么看、怎么议论，关注的是他人对此事的感受，更注重自己的“面子”，其行为靠诸多的外在社会因素和标准规则所制约、支配、左右。如高考失利无颜见人，因家境贫寒在人群中抬不起头等种种体验都属于耻感。

罪感即感到自己有罪，强调的是“内在的自律性”，重点是能不能对自己的良心交代，这种文化中的人忏悔意识、怀疑态度、批判精神都很强，靠自己内心的服罪来支配。生活中一旦犯错，即使别人毫无察觉，内心深处也会痛苦自责；或者，不会因为别人的恶意诋毁而自责或抬不起头来，会极力辩解，坚持自己的“清白”，这类体验都属于罪感。

**9. 害羞**

害羞是每个人都有过的体验，见到陌生人、到陌生的场合，任何人都有一点害羞。

## 三、健康情绪的表现

健康情绪具有以下四个方面的表现。

(1)情绪的基调是健康向上和稳定的，常常会体验到积极、乐观、愉快、稳定，正面情绪大于负情绪，积极情绪多于消极情绪。

(2)情绪的自我调控能力较强，能够适度控制负情绪。

(3)情绪反应适度，既不过度放大或缩小自己的情绪，又不冷漠退缩。

(4)高级的社会情感发展良好，(如理智感、道德感、美感等)。

其中，道德感是指根据一定的道德标准在评价人的思想、意图和行为时所产生的主观体验；理智感是指辨明是非、利害关系以及控制自己行为的能力；美感是指根据一定的审美标准评价事物时所产生的情感体验。

## 四、情绪对大学生的影响

**1. 影响大学生的身心健康**

积极乐观向上的情绪会给同学们带来健康的体魄，人体适应环境和抵抗疾病的能力都会明显增强，同时良好的情绪对人的心理健康也是非常有益的。反之，消极情绪对人的身心健康危害极大，在压抑、紧张、焦虑、恐惧等消极情绪的长期作用下，人的免疫能力会下降，容易患各种疾病，内脏功能也会受到伤害。研究表明，睡眠障碍、消化性溃疡、紧张性头痛和偏头痛、心率失常、神经性皮炎等都与消极情绪有关。

**2. 影响大学生的学习**

愉快且又平衡的情绪能使人的大脑处于最佳活动状态，大学生在心情舒畅的心情下学习，精力会更集中，思维会更敏捷，记忆效果会大大提高。行动紧张而思想轻松是思考和创造的最佳状态，再有适度焦虑能够促进有效学习。相反，如果在痛苦、烦躁、不安的情形下进行学习活动，就不能集中精神，思维变得混乱、记忆力下降。

**3. 影响大学生的人际关系**

具有良好情绪特征的人，如乐观、热情、自尊、自信，这是人际吸引的重要条件，能缩短彼此间距离，使情感融洽。反之，自卑、压抑、易怒的人往往与他人不能正常相处。

**4. 影响大学生的未来发展**

当下的流行说法：智商高情商低的人，怀才不遇；智商高情商高的人，春风得意；智商低情商低的人，一事无成；智商低情商高的人，贵人相助。智商决定录用，情商决定提升。这些说法有一定道理。美国教育学家卡耐基说：一个人的成功，只有15%是靠他的专业知识，而85%要靠他良好的人际关系和处世能力。由此可见，情商作为一种非智力因素，对一个人事业上的成功乃至一生的幸福和美满起着至关重要的作用。

## 第三节　大学生的情绪管理

### 一、情绪管理的定义

情绪管理是对个体的情绪进行控制和调节的过程。它是研究人们对自身情绪和他人情绪的认识、协调、引导、互动和控制，是对情绪智力的挖掘和培植，是培养驾驭情绪的能力，建立和维护良好情绪状态的一系列过程和方法。

正确调节自己的情绪，并理解他人的情绪，可以使生活顺风顺水；错误表达自己的情绪，忽视甚至误解他人的情绪，就可能导致不可估量的损失。

对于在校大学生来讲，管理情绪、调节情绪、驾驭情绪、做心境的主人，不仅是维护身心健康的需要，也是自我发展和人格成熟的必要条件。

### 二、自身情绪识别与管理

及时了解自身情绪的变化、主动调整自己的心理、做出合适的行为反应、化解内心不良的感觉，这是进行情绪管理的第一步。应当做情绪的主人，而不是奴隶。先处理好心情，再处理好事情。

### （一）识别自我情绪

**1. 情绪记录法**

有意识地留意自己的情绪变化过程，并详细记录下来，然后再回头仔细分析思考，这样对于提高情绪识别能力很有帮助。

**2. 情绪反思法**

每一次情绪变化之后，都要判断一下自己当时的情绪反应是否得当，为什么会有这样的情绪，这种情绪反应带来了什么样的消极影响，今后如何消除类似的情绪反应……经过反复多次的思考练习，识别自己情绪的能力会有很大提高。

**3. 情绪恳谈法**

如果自己对情绪识别能力不自信，可以求助自己熟悉的人，采取恳谈的方法征求他们的意见和看法，客观真实地了解自己的情绪变化过程。

**4. 情绪测试法**

可以借助专业的测试工具或者专业咨询人士来获取自我情绪认知和管理的方法和建议。

### （二）自我情绪管理

法国拿破仑有句名言，“能控制自己情绪的人比能拿下一座城池的将军更伟大。”罗兰曾说：“在适当的时候控制情绪，不使它泛滥而淹没了别人，也不任它淤塞而使自己崩溃。”因此，同学们要学会控制自我情绪，先处理好心情，再处理好事情，这不仅是大学期间学习生活的需要，也是未来事业发展的迫切需要。

**1. 转移注意力**

当出现情绪不佳的情况时，要把注意力转移到自己感兴趣的事情上，如找朋友谈心倾诉，或者通过看书、看电影、听音乐、玩游戏、下棋、散步、换个环境、写日记等，来转移自己的注意力，让自己的心绪逐渐缓解稳定下来，避免受到不良情绪的过度刺激。

**2. 换个角度看问题**

很多事情本身的好坏难以界定，关键看用什么态度、方式和情绪面对和打开，打开方式不同,或许会有不一样的结果。改变想法,就能改变情绪。

**3. 学会宽容**

用一颗宽容的心去处理矛盾,善待别人,学会改变或妥协。常言道,“事缓则圆”,这样有利于理清头绪,让自己淡定下来,拥有开阔的心境,可以做出更加睿智的决策。

**4. 学会能屈能伸**

无论在顺境还是逆境中,都应该是处之泰然,笑看云卷云舒,懂得放下,理解舍得。柔中带刚,刚中带柔,刚柔相济,上善若水。

**5. 学会自我安慰**

胜败乃兵家常事。塞翁失马、焉知非福。秋叶飘落是无法阻止的,零落成泥碾作尘是悲,但化作春泥护花则是感动。换个角度看问题,或者再尝试一次,或许可以开辟出一条崭新的路。

**6. 适当宣泄情绪**

如果有不愉快的事情及委屈,不要压在心里,学会适度宣泄。可以向知心朋友和亲人倾诉,听听他们的意见,或大哭一场,眼泪可以排除体内的有害物质。当然,发泄的对象、地点、场合和方法要适当,避免伤害他人。吃东西也可以是一种适当的调节方法,但要注意不要暴饮暴食。

**7. 自我暗示与激励**

在情绪激动时,可以默诵或轻声警告自己“冷静”“忍耐”“再想想”“不能发火”“注意自己的形象”“发怒会把事情搞砸”等,来抑制自己的情绪。在情绪低落、信心不足,或者面对挫折时,可以不断地对自己默语“我一定能行”“我是最棒的”等,来激励自己。也可以针对自己的弱点,预先写上“制怒”“镇定”“宁静致远”“和为贵”等条幅置于案头或挂在墙上,从暗示自己,进而防止冲突的产生。

**8. 用环境来调节**

美丽的风景使人心情愉悦,而脏乱的环境则会使人烦躁。当情绪不佳时可以选择一个环境优美的地方,享受鸟语花香,或深呼吸,或远眺,在优美的大自然中,心情自然而然会得到放松。还可以去那些曾经开心的地方,记忆会使人想起愉快的事情,这都有助于情绪的调节。

**9. 学会经常保持微笑**

微笑是良药,微笑是健康的通行证,微笑是世界上最廉价、最便捷的滋补品。

要学会用微笑去调节紧张的情绪，从微笑中学会轻松与愉悦。

**10. 学会冷静三思**

把脾气发出来，是本能；把脾气压回去，才叫本事。冲动是魔鬼，覆水难收，裂痕难愈。冷静三思就是要：一思发怒有无道理，二思发怒的后果，三思有无好的方式可以替代。凡事不能马上就做出决定，要学会系统思考，学会换位思考。能够控制情绪是一个人成熟的标志。

**11. 学会改变思维，调整心态**

困扰人们的不是事物本身，而是人们看待事物的不同思维方式。信念改变思维，思维改变心态，心态改变行动，行动改变习惯，习惯改变性格，性格改变命运。所以要改变命运，就要学会改变思维方式，培养自己积极、宽容、开放、欣赏、感恩、豁达、淡然的心态，找到奋斗目标，适应各种挑战。就像米卢所说的，态度决定一切。

## 三、认知他人情绪

俗话说："出门观天色，进门看脸色。"认知他人的情绪就是了解并同情他人的所思、所想和所需。善于观察和倾所，及时调整自己的情绪和行为，是高情商的体现。

### （一）认知他人情绪的方法

**1. 注意观察**

了解他人的情绪，首先要观察和理解他人身体语言所表达和传递的信息。只有把口头语言和身体语言结合起来，才能准确地认知和把握他人的情绪。

心理学家研究发现，人在交往中彼此对对方的印象95%取决于非语言因素，只有5%由双方的语言因素决定。

**2. 用心倾听**

用心倾听就是站在对方的角度去倾听他的讲话，通过倾听他人的看法和意见，了解对方的想法和情绪，以此来调节自己的言行。

### （二）影响他人情绪的方法

**1. 尊重他人**

被人尊重是一种权利，尊重他人是一种美德，是一种境界。每个人都希望得到别人的尊重，尊重别人，同时也是尊重自己。尊重他人是成就卓越、获取成功的必备品质。识别他人的需要，学会尊重他人，对方也会心情愉悦。

**2. 修炼同理心**

同理心就是站在对方的角度去思考和处理问题的能力，既是管理自己情绪的有效方法，也是了解和影响他人情绪的有效途径。学会并善于运用同理心，可以使人宽容大度和善解人意，这样别人就愿意和你共事，相处也会毫无障碍，使事情处理和解决得更加顺利、圆满。

**3. 赞美他人**

世界上最美好的声音就是赞美，最好的礼物也是赞美。生活中，每个人都需要认可和赞美。真诚的赞美不仅会给被赞美者带来快乐、勇气和自信，有时还会给赞美者带来机遇和好运。学会赞美，在生活中学习和掌握好这一生活的智慧，以欣赏的目光去看待他人，会让人心胸开阔，眼光长远，能看到更美丽、更和谐的社会和人生。

**4. 树立开放心态**

人之相知贵在知心。开放的心态，是一种海纳百川的胸怀，也是一种修养和气度，关乎一个人的人格魅力。它表现出的不仅仅是一种勇气，更是一种自信，一种坚定，一种敢于面对生活、面对现实、信心与决心，有利于促进和他人的和谐相处。

# 参考文献

[1]陈亮. 大学生职业生涯的设计与规划研究[J]. 湖南广播电视大学学报,2003(4).

[2]张恒亮. 学业规划[M]. 成都:电子科技大学出版社,2003.

[3]刘学景,陈晓东. 大学生职业生涯规划[M]. 济南:山东人民出版社,2015.

[4]胡培根. 大学生就业指导与职业生涯规划[M]. 北京:北京邮电大学出版社,2012.

[5]戴裕葳. 高职生职业生涯规划与就业创业指导[M]. 北京:高等教育出版社,2013.

[6]张静,盛秋芳,陈艳丽. 大学生职业生涯规划与就业指导[M]. 长春:吉林大学出版社,2015.

[7]姜辉. 高职大学生就业指导[M]. 北京:化学工业出版社,2009.

[8]王武宁,甘齐顺,姚祖军. 高职新生入学指导教程[M]. 武汉:武汉理工大学出版社,2013.

[9]许湘岳,吴强. 自我管理教程[M]. 北京:人民出版社,2011.

[10]宋琳. 目标管理在大学生自我管理中的运用[D]. 南京:南京师范大学,2010.

[11]胡敏. 奋斗成就梦想[M]. 北京:世界知识出版社,2016.

# 后　记

教育家陶行知曾说:“人生天地间,各自有禀赋。为一大事来,做一大事去。”所谓“人生大事”,并非每一个人都要立下青云之志、鸿鹄之志,能够治国平天下,但只要有追求、有梦想,这就是大事。

Yesterday is history;

tomorrow is mystery;

but today is a gift;

that is why it's called present.

请同学们拿出“天生我材必有用”的信心,拿出“吹尽黄沙始到金”的毅力,拿出“直挂云帆济沧海”的勇气,从今天开始,走出“蜗居”,告别手机、网络与游戏,去全力“hold”住你的大学时光。

大树要一个年轮一个年轮地生长,校舍要一块砖一片瓦地建设,优秀习惯要一天一天坚持养成,栋梁之材更要靠一个课时一个课时的长期累积。正所谓:十年树木,百年树人。

我们想,只要同学们做到“五官端正”,即头脑清醒、眼光长远、耳要兼听、手要勤记、腿不懒惰,起跑发力,中途努力,冲刺用力,未来发展就一定会有实力、有活力、更有魅力。

只要同学们“胸怀大事”“忠诚大事”,坚持梦想,编织梦想,就方得始终,正如奥斯特洛夫斯基在《钢铁是怎样炼成的》中所描述的那样:当他回首往事的时候,他不会因虚度年华而悔恨,也不会因碌碌无为而羞耻。

我们决定不了太阳几点升起,但可以决定自己几点起床,这就是“管理自我”;我们自己就是阳光,走到哪里都是光亮,这就是“自我管理”。趁着好天气登山健身,这就是“管理自我”;即使天气再糟,也要畅想运动,这就是“自我管理”。

如果说“管理自我”是一种行为,那么“自我管理”就是一种习惯。亚里士多德曾说:“优秀是一种习惯,而非一次行动。”实践已经证明,成功者与不成功者之间本质的区别就在于自我管理能力的不同。高绩效发展应从做好自我管理开始。

乔布斯的梦想是“活着,就为改变世界”,他做到了;比尔·盖茨的梦想是“让全世界每个人都能用上电脑”,他实现了;马丁·路德·金的梦想是“人人生而平等”,他改变了千万黑人的命运。

虽然同学们无法预知自己的梦想能否改变世界,但梦想实现的过程一定在改变着自己、影响着身边的人。

梦想从来不问出处,虽然它们起初都很小,但只要同学们始终如一地坚持梦想,不忘初心,加上卓有成效的自我管理,它就会像一颗极具生命力的种子一样,成长为参天大树。

新的征程已拉开帷幕,我们不用去想是否能够成功,既然选择了远方,便只顾风雨兼程;我们不用去想未来是平坦还是泥泞,只要热爱生命,一切尽在意料之中。

新时代是奋斗者的时代,只有奋斗的人生才称得上幸福的人生。从今天开始,要提振你的勇气。与其担心未来,不如现在努力。人生路上,只有努力才有希望。

不忘初心,方得始终!

新时代是属于奋斗者的时代!

加油!奋斗路上的你!

作者

2018年8月